marie claire
DAS SCHÖNHEITSBUCH

EMMA BANNISTER

monte von DUMONT

Inhalt

Einführung

Jede Frau ist auf ihre Art schön. Vitalität, Selbstvertrauen und Individualität sind die Attribute des modernen Schönheitsbegriffs. Supermodels und die neuesten Modetrends können zwar Anregungen bieten, doch in **Marie Claire – das Schönheitsbuch** wollen wir zeigen, daß das Wesen natürlicher Schönheit in glatter Haut, gesundem Haar und einem typgerechten Make-up liegt.

Der erste Schritt, um Ihr Schönheitspotential voll auszuschöpfen, ist eine genaue Überprüfung Ihres Äußeren und Ihrer Pflegegewohnheiten. Stellvertretend für unsere Leserinnen baten wir fünf Frauen, die unterschiedliche Haut- und Haartypen repräsentieren, ihre Haut-, Haar- und Schminkprobleme genau analysieren zu dürfen. Folgen Sie diesen Frauen durch die verschiedenen Kapitel, beobachten Sie ihre schrittweise Veränderung, lassen Sie sich dabei praktische Tips und Pflegeanleitungen geben, und lernen Sie ein paar Tricks zum selbst Ausprobieren.

Ein Buch zum Thema Schönheit wäre nicht vollständig, würde nicht auch der Alterungsprozeß und seine Bedeutung für die moderne Frau angesprochen. Schönheit ist zum Glück nicht von Jugend abhängig. Heute wissen wir so viel über Schutz und Pflege der Haut, daß ein strahlender Teint in jedem Alter erreichbar ist.

Dank wissenschaftlicher Fortschritte in jüngster Zeit ist die Anwendung kosmetischer Produkte heute einfacher und die Auswahl größer denn je. Das Angebot an leicht aufzutragender Foundation über Brillant-Nagellack bis hin zur Antifalten-Nachtcreme ist bereits enorm und wird immer größer. Dieses Schönheitsbuch sichtet für Sie die zuweilen verwirrende Informationsflut und zeigt Ihnen, welche Produkte den Grundstein für eine gute Haut- und Haarpflege bilden, worauf Sie bei Make-up achten sollten und wie Sie die unterschiedlichen Produkte anwenden, damit auch Sie Ihr Erscheinungsbild nach Ihren Wünschen verändern können.

Ziel dieses Schönheitsbuches ist es, Ihnen Anregungen, das nötige Wissen und Selbstvertrauen zu geben, damit Sie das Beste aus Ihrem Typ machen können.

Ihr
wahres Ich

IHR Schönheits-TYP

Was eine Frau für Ihre Schönheit tut, spiegelt oft ihre Einstellung zum Leben allgemein wider und verrät somit mehr über sie, als sie ahnt. Der folgende Test bietet Ihnen die Möglichkeit, Ihren Schönheitstyp zu bestimmen. Wenn Sie wissen, zu welcher Kategorie Sie gehören, hilft Ihnen das vielleicht bei der Überprüfung Ihrer Pflegegewohnheiten.

Sie sind eine Sammlerin, wenn

- Sie Lippenstifte in mehr als zehn Farben haben
- Ihnen zwei Kosmetiktaschen für Ihre Utensilien nicht reichen
- Sie eine Kosmetikprobe aus einer Zeitschrift schon über fünf Monate aufgehoben haben, weil Sie sie irgendwann ausprobieren wollen
- Sie über 30 Hautpflege- und Make-up-Produkte in Ihrem Badezimmerschrank horten

Sie sind eine Minimalistin, wenn

- Sie braunen Eyeliner verwenden, weil Sie damit auch die Lippenkonturen nachziehen können
- Sie anstelle von Lippenstift, Brauengel, Wimperntusche und Feuchtigkeitscreme nur Vaseline verwenden
- Sie Ihr Gesicht lediglich mit Wasser und Seife reinigen und erfrischen
- Sie Mascara für eine italienische Nachspeise halten
- Sie keine Kosmetiktasche besitzen, weil Sie kaum etwas zum Hineintun haben

Sie sind konservativ, wenn

- Sie sich noch genauso schminken wie vor zehn Jahren
- Sie mehr als zehnmal dieselbe Lippenstiftfarbe gekauft haben
- Ihre Lieblingsfarbe aus dem Programm genommen wurde
- Sie nicht wissen, daß es Lipgloss jetzt in vielen schönen Farben gibt und nicht nur als Roll-on mit Cola-Geschmack

Sie sind chaotisch, wenn

- Sie blauen Lidschatten zusammen mit rotem Lippenstift tragen
- Sie heute nur Lipgloss auftragen und morgen eine halbe Stunde auf eine perfekte Teintgrundierung verwenden
- Sie eigentlich Reinigungsmilch kaufen wollten und mit Nagellack nach Hause kommen
- Sie eine Lippenstiftfarbe kaufen, weil sie an dem Covergirl einer Zeitschrift gut aussah
- Sie Ihr Parfüm wechseln, weil eine Verkäuferin im Kaufhaus Sie dazu überredet hat

DAS Gesicht

Bevor Sie mit der Generalüberholung Ihrer Frisur und Ihres Make-ups beginnen, schauen Sie sich Ihr Gesicht einmal eingehend im Spiegel an. Nehmen Sie sich die Zeit, Ihr Gesicht wirklich gründlich zu studieren. Nach einer genauen Analyse von Kopfform, Hautbeschaffenheit und Gesichtszügen ist es viel einfacher, die positiven Aspekte zu betonen – ebenmäßige Züge vielleicht oder große Augen – und die weniger schmeichelhaften wie etwa schmale Lippen oder ein ausgeprägtes Kinn etwas zu kaschieren. Ihre Gesichtsform läßt sich ebenfalls durch wenige kleine Veränderungen an Frisur oder Make-up optisch korrigieren.

Symmetrie gilt als Voraussetzung für ein schönes Gesicht. Versuchen Sie deshalb alle Unausgewogenheiten aufzuspüren, bevor Sie sich zu irgendwelchen radikalen Schritten entschließen. Bei den alten Griechen galt ein Gesicht dann als perfekt, wenn es sich waagerecht in drei gleich große Partien unterteilen ließ – vom Haaransatz zu den Brauen, von den Brauen zum unteren Ende der Nase und von da zum Kinn. Auch wenn wir heutzutage keinen Wert mehr auf diese klassischen Proportionen legen, bietet diese Dreiteilung nützliche Anhaltspunkte dafür, wo wir welche Farbtöne auftragen und betonende Akzente setzen.

Schönheitschirurgen legen etwas andere Maßstäbe an. Bei ihnen gilt ein Gesicht dann als schön, wenn es eine leicht gewölbte Stirn aufweist, ein schmales Kinn, eine Nase, die so lang ist wie die Stirn hoch, und Augen, die eine Augenbreite weit auseinander liegen.

Doch Perfektion sollte eigentlich nicht Ihr Ziel sein. Eines der Schlüsselworte für natürliche Schönheit ist Individualität. Lernen Sie, Ihre positiven Gesichtszüge zu betonen und Ihre negativen zu kaschieren. So bleibt Ihnen der Gang zum Schönheitschirurgen garantiert erspart.

Damit Sie sich **objektiv betrachten** können, bitten Sie eine Freundin, aus etwa einem halben Meter Entfernung und von vorn eine Polaroidaufnahme von Ihnen zu machen. Ihr Gesicht sollte dabei **ausdruckslos und entspannt** sein. Auf einem solchen Foto erkennen Sie ungleiche Partien, die Ihnen beim Blick in den Spiegel nicht auffallen.

Alternativ können Sie auch eine sehr **helle Foundation** auftragen und die Form Ihrer **Augen und Lippen** mit einem spitzen Kajalstift nachziehen, damit die Konturen deutlicher hervortreten. Dann wissen Sie, ob Sie ebenmäßige Gesichtszüge haben.

Augenbrauen spielen als Umrahmung des Gesichts eine wichtige Rolle bei der Frage der Symmetrie. Sie können **ihren Verlauf überprüfen**, indem Sie einen schmalen, geraden Gegenstand wie etwa ein Manikürstäbchen außen an den Nasenflügel halten. Das innere Ende der Augenbraue sollte mit der Spitze des Stäbchens zusammentreffen.

Haben Sie einen **asymmetrischen Haarschnitt**, binden Sie das Haar zurück, bevor Sie sich genau betrachten. Haben Sie einen **Seitenscheitel**, legen Sie ihn auf die andere Seite – vielleicht paßt das besser zu Ihrem Gesicht. Dies ist eine der besten Methoden um festzustellen, ob eine Gesichtshälfte **etwas länger** ist als die andere.

Der richtige Spiegel

- Wählen Sie einen Spiegel aus dickem Glas, damit Sie ein möglichst akkurates Spiegelbild erhalten.
- Leisten Sie sich einen dreiteiligen Spiegel, damit Sie sich von allen Seiten gut sehen können.
- Überprüfen Sie, ob Ihr Spiegel genau waagerecht hängt. Ist er schief angebracht, kann das Ihre Gesichtszüge verzerren.

DIE Haut

Die Haut ist unser größtes Organ und zugleich Spiegel unseres Lebensstils, unserer Pflegegewohnheiten und unseres Gesundheitszustandes. Gewöhnlich wird sie nach ihrem Fettanteil bestimmt. Fettige Haut weist meist vergrößerte Poren auf. Nach der Pubertät werden die Poren deutlicher sichtbar und reagieren auf die streßbedingte Hormonproduktion von Androgen, dem Hormon, das für Größe und Ausscheidungsmenge der Talgdrüsen verantwortlich ist.

Normale Haut läßt sich am einfachsten pflegen. Sie ist gewöhnlich glatt und ebenmäßig, kann jedoch in der T-Zone, also auf Stirn, Nasenrücken und Kinn, auch leicht fettig sein. Sind solche fettigen Zonen erkennbar, spricht man von Mischhaut.

Trockene Haut weist trockene Partien auf, was allerdings auch auf feuchtigkeitsarme Haut zutrifft, die in ihrer Beschaffenheit anders ist. Trockene Haut hält kaum Feuchtigkeit, da sie nur wenig schützendes Fett produziert, während feuchtigkeitsarme Haut ein Hinweis für zu wenig Feuchtigkeit im gesamten Körper ist. Viel Wasser zu trinken ist bei jedem Hauttyp ratsam, bei feuchtigkeitsarmer Haut jedoch besonders wichtig. Anzeichen für Feuchtigkeitsmangel sind u. a. feinverzweigte Äderchen, zum Beispiel auf den Wangen, bei gleichzeitigem Auftreten fettiger Partien; bei wirklich trockener Haut sind keinerlei fettige Zonen zu erkennen.

Empfindliche Haut ist meist hell und erfordert viel Sorgfalt bei der Pflege. Sie ist leicht gereizt, oft gerötet und weist zuweilen sehr trockene, sich schuppende Stellen auf. Reife Haut ist kein eigenständiger Hauttyp. Charakteristische Merkmale sind sichtbare Falten, doch auch nachlassende Spannkraft und Geschmeidigkeit, vor allem durch schädliche Sonnenstrahlen verursacht.

Mitesser, in der Medizin Komedonen genannt, treten auf, wenn in der Haut produzierter Talg trocknet und hart wird, bevor er an die Oberfläche gelangt, und dadurch die Poren verstopft. In dem fettigen Pfropf steckt Schmutz, der ihn schwarz erscheinen läßt. Verursacher für Mitesser sind u.a. fettige Haut, die trockener Luft ausgesetzt ist, eine nachlässige Reinigung und schlechte Durchblutung. Verwenden Sie am besten die neuen Reinigungs-Strips, sie sind sanfter als Komedonenquetscher aus Metall.

Pickel und Pusteln werden gewöhnlich durch das Eindringen von Bakterien in die Haut verursacht, wodurch es zu Infektionen kommt. Sie sind verantwortlich für die typische Rötung und Schwellung.

Akne entsteht durch hormonelle Veränderungen während der Pubertät und in Streßsituationen. Der Androgenspiegel steigt, was eine erhöhte Talgproduktion zur Folge hat. Der hohe Fettanteil in der Haut führt dann zu Pickeln.

Hautunreinheiten im Kinnbereich liegen meist an Streß und Hormonschwankungen, unabhängig davon, ob Akne vorliegt oder nicht. Falls Sie darunter leiden, versuchen Sie es mit einer anderen Antibabypille, weniger koffeinhaltigen Getränken und gesünderem Essen, und gönnen Sie sich eine kosmetische Gesichtsbehandlung, die den Lymphabfluß begünstigt.

Erforschen Sie Ihre Haut

- Berührung ist die beste Art, die Haut zu prüfen. Streichen Sie mit leicht öligen Fingern über Ihr gesamtes Gesicht. Ihre Fingerspitzen werden alle rauhen, trokkenen Stellen und jeden noch unter der Haut lauernden Pickel aufspüren.
- Bei der Hautpflege ist ein Vergrößerungsspiegel ausgesprochen nützlich, da Sie Ihr Gesicht aus nächster Nähe betrachten können. Besonders deutlich kommen dann vergrößerte Poren in der Wangenpartie zum Vorschein, und im Bereich der Nase ist jeder Mitesser zu erkennen. Auch geplatzte Äderchen über den Wangenknochen lassen sich feststellen.
- Viele Kosmetikfirmen bieten heute in großen Kaufhäusern kostenlos eine Computeranalyse der Haut an. Eine solche Analyse zeigt die feinen Äderchen in der obersten Hautschicht genauso wie die Spuren schädlicher Sonnenstrahlen, die auf dem Bildschirm aussehen wie große, dunkle, sommersprossige Zonen.

DAS Haar

Eine Haaranalyse, die Ihnen mehr über die Beschaffenheit, den Gesundheitszustand und Ihren Haartyp verrät, ist nicht schwierig und ohne jedes technische Gerät durchzuführen. Das Berühren und genaue Betrachten ist schließlich keine Wissenschaft. Auch wenn viele Haarprobleme allein dadurch gelöst werden können, daß Sie andere Pflegeprodukte verwenden oder Ihre Frisiergewohnheiten ändern, sollten Sie, wenn Ihr Haar sehr stumpf und ohne Spannkraft ist, Ihre Eßgewohnheiten und Ihren gesamten Lebensstil überdenken. Genau wie die Haut braucht auch das Haar Nährstoffe, und wenn Sie sich so richtig kraftlos fühlen, gilt das wahrscheinlich auch für Ihr Haar.

Wenn Sie Ihren Haartyp nicht genau kennen, verwenden Sie möglicherweise auch das falsche Shampoo, die falschen Spülungen und Styling-Produkte. Ihr Haar könnte also noch viel schöner sein. Man unterscheidet drei Haartypen: Feines Haar, das sich häufig leicht auflädt, hat nichts zu tun mit Haarausfall oder wenig Haar. Bei feinem Haar ist nicht die geringe Menge, sondern der geringe Durchmesser der einzelnen Haare das Problem. Dickes Haar dagegen ist kein spezieller Haartyp. Diese Bezeichnung bezieht sich lediglich auf die Anzahl der Haare auf dem Kopf, die fein, trocken oder fettig sein können.

Fettiges Haar ist wie fettige Haut das Ergebnis hyperaktiver Talgdrüsen; in diesem Fall produzieren sie in der Kopfhaut zuviel Fett. Streß begünstigt dies noch, ebenso häufiges Waschen und Bürsten.

Trockenes Haar ist leicht zu erkennen. Fahren Sie mit den Fingern von oben nach unten durchs Haar, halten Sie die Spitzen fest, und streichen Sie mit der anderen Hand von unten nach oben übers Haar. Fühlt es sich rauh an, ist es höchstwahrscheinlich trocken und braucht aufbauende Pflege oder Öl. Sprödes oder krauses Haar ist ebenfalls häufig trocken.

Haben Sie Ihren Haartyp bestimmt, konzentrieren Sie sich auf den Zustand Ihrer Haare. Ist Ihr Haar z. B. glanzlos, egal wie oft Sie es waschen, tun Sie wahrscheinlich zuviel des Guten. Gönnen Sie ihm einige Wochen Erholung, indem Sie ein besonders mildes Shampoo verwenden und sonst nichts. Vermeiden Sie soweit als möglich Styling-Schaum, Gels oder Sprays, da diese Rückstände auf dem Haar hinterlassen sowie die Häutchen vom Haarschaft abstehen und das Haar glanzlos erscheinen lassen.

Um zu sehen, wie kräftig Ihr Haar ist, nehmen Sie eines zwischen zwei Finger und ziehen daran. Kräftiges, gesundes Haar weist eine gewisse Elastizität auf und gibt ein wenig nach. Reißt es schnell, hat ihm wahrscheinlich zu große Hitze zugesetzt.

Haben Sie brüchiges Haar, verzichten Sie auf den Fön und heizbare Styling-Geräte, oder tragen Sie vorher ein Produkt zum Schutz vor Hitze auf.

Gespaltene Spitzen erkennen Sie am besten, wenn Sie sich vor einer hellen Lichtquelle oder einem Fenster befinden. Stehen vom Haarschaft kürzere Haarfasern ab, handelt es sich höchstwahrscheinlich um Spliß. Den Zustand von langem Haar bestimmen Sie am besten, indem Sie die Spitzen fassen und an die Wurzeln halten. So lassen sich Schäden und Farbunterschiede leicht feststellen.

Schmeicheln Sie Ihrem Gesicht

- Wie das Make-up kann auch der Haarschnitt die Form Ihres Gesichts optisch verändern und hat somit großen Einfluß auf Ihr allgemeines Erscheinungsbild. Ein langes Gesicht wirkt durch kinnlanges Haar kürzer; auch ein gerader Pony schmeichelt einem eher schmalen Gesicht.
- Ein eckiges Gesicht erscheint mit einem geraden Schnitt noch eckiger. Versuchen Sie es deshalb mit einem Stufenschnitt; er läßt es weicher erscheinen.
- Wenn Sie ein ovales Gesicht haben, stehen Ihnen fast alle Frisuren in jeder Länge. Lediglich langes, gerade geschnittenes Haar ist vielleicht nicht ganz so günstig, da Ihr Gesicht dadurch dreieckig wirken kann, was wenig schmeichelhaft wäre.

DIE Kosmetiktasche

Die Kosmetiktasche ist gewöhnlich nicht nur für die Schminkgewohnheiten ihrer Besitzerin ein aufschlußreiches Indiz, sondern auch für ihre Persönlichkeit und ihr Temperament. Und wie vielem tut auch ihr ein gründliches Ausmisten etwa alle sechs Monate gut.

Wie viele Lippenstifte besitzen Sie? Wahrscheinlich brauchen oder benutzen Sie nicht mehr als zwei; die meisten Frauen beschränken sich nämlich auf eine gute Farbe für tagsüber und eine für den Abend. Trennen Sie sich vom Rest, oder investieren Sie in eine kompakte Lippenstiftpalette mit Ihren sechs Lieblingsfarben.

Seien Sie kritisch mit Ihren Spontankäufen. Fragen Sie sich bei jedem Artikel, wann Sie ihn zuletzt benutzt haben, und werfen Sie alles weg, was Sie in den letzten Monaten nicht angerührt haben. Lassen Sie nur die Produkte, die zur jeweiligen Jahreszeit passen, in Ihrer Kosmetiktasche. Farben und Effekte, die im Sommer gut ausgesehen haben, wirken im trüben Winterlicht höchstwahrscheinlich nicht mehr. Womöglich stellt sich sogar heraus, daß Sie Ihnen im nächsten Jahr gar nicht mehr gefallen.

Niemand will mehr mit sich herumschleppen als nötig, deshalb profitieren Sie von der großen Zahl doppelt nutzbarer Produkte, die es heute gibt – sie sind ihr Geld wirklich wert. Mit Kompaktpuder etwa läßt sich das Make-up wunderbar auffrischen. Mit dicken Farbstiften, die viele Kosmetikfirmen heute anbieten, läßt sich Farbe auf Lippen, Wangen und Augenlider auftragen. Auch Lippenbalsam ist ein gutes Allroundprodukt. Betonen Sie damit Ihre Wangen- und Brauenknochen, pflegen und verschönern Sie damit Ihre Augenbrauen, und bringen Sie damit – nicht zuletzt – auch Ihre Lippen zum Glänzen.

Haben Sie Ihren »Schönheitstyp« bestimmt (s. S. 10), lesen Sie die folgenden Tips.

Wenn Sie eine **Sammlerin** sind, befinden sich in Ihrer Kosmetiktasche wahrscheinlich jede Menge undefinierbarer Produkte, deren Verfallsdatum längst abgelaufen ist. Setzen Sie sich ein Limit von **zehn notwendigen Utensilien**, die Sie immer bei sich haben wollen.

Die **Minimalistin** ist entweder optimal organisiert oder so beschäftigt, daß sie keine Zeit hat für ein aufwendiges Make-up. In diesem Fall sollten Sie sich unbedingt für **Mehrzweck-Produkte** entscheiden. Wählen Sie einen Lippenstift, der sowohl für Farbe als auch für Pflege sorgt, und Rouge, das Sie auch als Lidschatten verwenden können.

Wenn Sie **chaotisch** sind, stellen Sie wahrscheinlich fest, daß in Ihrer Kosmetiktasche nur wenige Artikel zusammenpassen und etliche Ihnen überhaupt nicht stehen. Gönnen Sie sich eine Typberatung, und wählen Sie Produkte aus, die zu Ihnen und **zueinander passen**.

Wenn Sie **konservativ** sind, werden auch Sie von einer **Typberatung** durch eine Kosmetikerin profitieren. Schauen Sie sich in Zeitschriften Fotos von Models und berühmten Personen an, und lassen Sie sich davon inspirieren.

Sauberkeit ist alles

- Hygiene ist ein wichtiger Aspekt im Umgang mit Make-up. Waschen Sie alle paar Wochen Ihre Kosmetiktasche aus, und reinigen Sie Ihre Bürsten, Puderquasten und Schwämme mindestens wöchentlich mit Seifenwasser.
- Wie Lebensmittel haben auch Kosmetika eine begrenzte Haltbarkeit. Die meisten Produkte haben nach etwa einem halben Jahr ihre beste Zeit hinter sich. Dies gilt besonders für Mascara und andere Artikel, die mit dem Auge in Berührung kommen, wo ein hohes Infektionsrisiko besteht.
- Lassen Sie sich aus diesem Grund auch nie dazu überreden, Make-up auszuleihen oder mit jemandem zu teilen.

JEDE FRAU IST schön

Jo

NORMALE HAUT/MISCHHAUT
FEINES, HELLES HAAR

Die glatte, normale Haut läßt sich recht einfach pflegen. Die Handhabung von feinem Haar erleichtern einige Styling-Tricks und die richtigen Pflegeprodukte. Helle Haut kann mit einem natürlichen oder auch einem dramatischen Make-up fantastisch aussehen, sofern die richtigen Töne verwendet wurden.

Lynne

TROCKENE, REIFE HAUT
GRAUES HAAR

Reife Haut zeichnet sich gewöhnlich durch feine Fältchen sowie mangelnde Feuchtigkeit und Festigkeit aus. Moderne Pflege- und Kosmetikprodukte verhelfen Ihnen jedoch wieder zu einem strahlenden Teint. Passen Sie Ihr Make-up der veränderten Haarfarbe und dem Teint an. So können auch Sie schön und modisch aussehen.

Damit jede Frau von Marie Claire – das Schönheitsbuch **profitieren kann, haben wir fünf Frauen ausgewählt, deren Aussehen, Schminkgewohnheiten sowie Haut- und Haarprobleme analysiert wurden. Jede von ihnen gehört einem anderen Haut- und Haartyp an, so daß ihre Probleme jeweils unterschiedlich sind. Verfolgen Sie auf den nächsten Seiten ihre Fortschritte, und schauen Sie sich den Typ, der dem Ihren am nächsten kommt, besonders genau an.**

Sandra

DUNKLE HAUT
SCHWARZES HAAR

Irrtümlich wird oft angenommen, daß dunkle Haut besonders unempfindlich sei. Die Sonne kann ihr zwar relativ wenig anhaben, dennoch ist sanfte Hautpflege unbedingt nötig. Beim Make-up hat man unter den vielen Tönen, die zu dunkler Haut passen, zwar die Qual der Wahl, doch ausschlaggebend ist oft die richtige Konsistenz.

Susanna

FETTIGE, OLIVFARBENE HAUT
FETTIGES, STRÄHNIGES HAAR

Fettige Haut ist meist dicker als helle, trockene und neigt zu vergrößerten Poren und Unreinheiten. Positiv ist, daß sie etwas weniger empfindlich auf Sonne reagiert und man ihr das Alter nicht so schnell ansieht. Fettfreies Make-up wirkt Wunder, und mit fachmännischem Rat lassen sich auch die Haarprobleme lösen.

Arabella

BLASSE, EMPFINDLICHE HAUT
TROCKENES, KRAUSES HAAR

Dieser sehr helle Hauttyp ist besonders empfindlich und anfällig für Hautirritationen und Allergien. UV-Strahlen rufen bei ihr recht schnell Schäden hervor. Da rotes Haar zu Trockenheit neigt, braucht es spezielle Pflege. Bei sommersprossiger Haut sind Make-up-Tips vom Fachmann meist wichtig.

Hautpflege

WEGE ZU SCHÖNER Haut

Schöne Haut ist die Grundvoraussetzung für Schönheit ganz allgemein; sie steht für Jugend, Vitalität und Gesundheit. Doch trotz der offensichtlichen Vorteile einer regelmäßigen gründlichen Reinigung und der Millionenbeträge, die jedes Jahr für Cremes und Lotionen ausgegeben werden, verlassen sich viele Frauen bei der Hautpflege allein auf Wasser und Seife. Mit ein wenig Zeit und Mühe läßt sich jedoch das gesamte Hautbild verbessern. Der erste Schritt hin zu einem strahlenden Teint ist die korrekte Bestimmung Ihres Hauttyps (s. S. 14). Nur wenn Sie Ihren Hauttyp kennen, können Sie die für sie geeigneten Produkte und Lösungsvorschläge auswählen.

MÖGLICHST SANFT

Die meisten Hautpflege-Experten sind sich einig, daß wir mit unserer Haut oft viel zu unsanft umgehen und Peeling-Produkte verwenden, die eigentlich in die Hände von Fachleuten gehören. Sie können sanfter zu Ihrer Haut sein, ohne auf eine gründliche Reinigung zu verzichten. Wärmen Sie die Reinigungslotion vor dem Auftragen in den Handflächen an; sie emulgiert dann und wirkt besser. Verreiben Sie sie mit den Fingerspitzen anstatt mit Watte, das strapaziert die Haut weniger. Wenn Sie die Lotion in die Haut einmassieren, löst das auch tiefsitzenden Schmutz und fettige Rückstände.

Allerdings kann man es mit der Reinigung auch übertreiben. Die Haut so lange zu bearbeiten, bis kein Schmutz mehr auf dem Wattebausch zu sehen ist, mag zwar das Gefühl vermitteln, porentief sauber zu sein, kann aber auch dazu führen, daß die Haut ihre Schutzschicht – die Hornschicht oder stratum corneum – verliert und anfällig wird für Infektionen. Das früher sehr beliebte intensive Bearbeiten der Haut mit einem Massageschwamm wird heute für die meisten Hauttypen als zu unsanft angesehen. Es reicht aus, wenn Sie mit einem trockenen Wattebausch über die Haut fahren, um abgestorbene Zellen zu entfernen.

Versuchen Sie eine milde Pflege; Ihre Haut dankt es Ihnen

Vermeiden Sie bei der Hautpflege Hitze ebenso wie Kälte. Hitze kann zu einer erhöhten Talgproduktion sowie zu Feuchtigkeitsverlust führen und die Haut schlaff werden lassen. Wenn Sie sich mit Wasser und Seife waschen, achten Sie auf mäßige Temperaturen, damit es nicht vermehrt zu erweiterten und geplatzten Äderchen kommt. Verwenden Sie eine milde Seife,

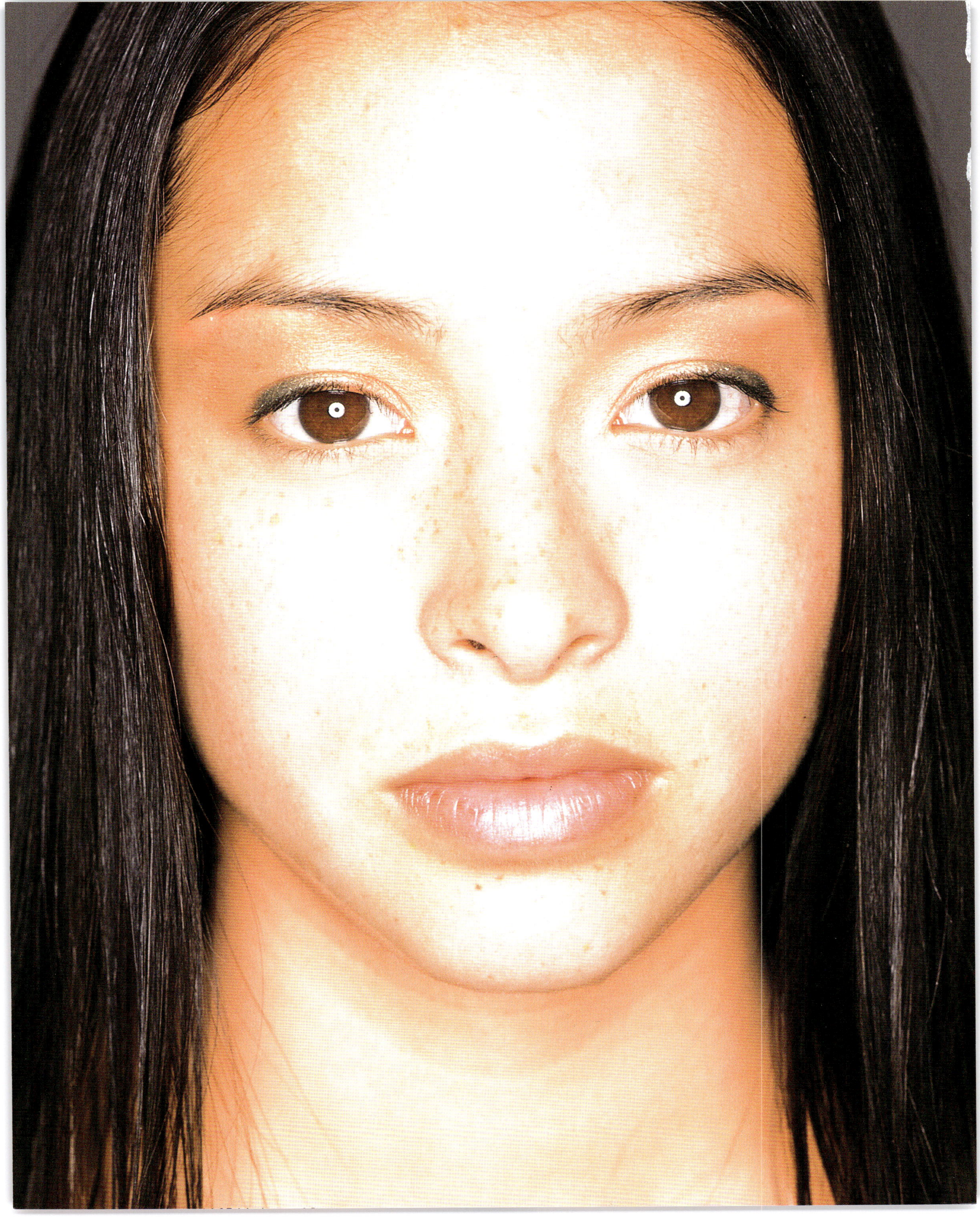

die den natürlichen ph-Wert der Haut nicht verändert. Versuchen Sie es anstatt von Gesichtsdampfbädern lieber mit einer sanften Gesichtsmassage. Sie reinigt das gesamte Gesicht porentief, öffnet verstopfte Poren und verhindert so die Entstehung von Hautunreinheiten (s. S. 54).

TUN SIE SICH ETWAS GUTES

Die Haut einmal so richtig zu verwöhnen ist die beste Methode, um neue Wege der Pflege einzuschlagen. Kosmetikfachleute bestätigen, daß sich praktisch jedes Hautbild nach einer Behandlung merklich verbessert. Das liegt zum einen daran, daß ein Expertenauge und fremde Hände Problemzonen wesentlich einfacher erkennen und erreichen können als Sie selbst. Nicht nur Ihr Gesicht profitiert davon – eine Stunde bei einer Kosmetikerin ist ein entspannendes Erlebnis, und Sie fühlen sich anschließend rundum wohler.

Stellen Sie der Kosmetikerin während der Behandlung Fragen – was sie gerade tut, welche Produkte ihrer Meinung nach die Richtigen für Sie sind, und wie sie gewisse Probleme angehen würde. Merken Sie sich Kniffe, die Sie zu Hause anwenden können. Die meisten Kosmetikerinnen nehmen zum Entfernen des Augen-Makeups in kühles Wasser und etwas Augen-Make-up-Entferner getauchte Wattebäusche. Diese legen sie auf die Augen und streichen mit den Fingerspitzen in vorsichtigen Kreisbewegungen darüber. Eine solche Methode ist genauso effektiv und wesentlich schonender, als mit dem Wattebausch selbst über das Lid zu fahren und die Haut dabei zu dehnen.

Machen Sie sich bewußt, wie Ihre Haut nach der Behandlung aussieht und sich anfühlt – nicht nur um sich ein Urteil über

das Ergebnis zu bilden, sondern um das Hautbild auch in Zukunft weiter verbessern zu können.

PICKEL

Im Unterschied zu Akne entstehen die meisten Pickel dadurch, daß Bakterien in die Haut eindringen und es zu Infektionen kommt. In Schönheitsstudios können Sie die Kunst des Pickelausdrückens am besten lernen, indem Sie die Kosmetikerin beobachten und spüren, wie stark sie drückt. Vergessen Sie zu Hause nie, vorher ein Papiertaschentuch über die Finger zu legen und die Stelle anschließend mit Hamamelis- oder Teebaumöl zu betupfen (beide haben desinfizierende Wirkung), um eine erneute Infektion zu verhindern. Der beste Zeitpunkt zur Pickelbehandlung ist abends nach einem warmen Bad, wenn die Poren sich durch den Dampf etwas geöffnet haben.

STRAHLEN SIE

Auch wenn eine effektive und regelmäßige Hautpflege unerläßlich für einen gesunden Teint ist, sind Cremes und Lotionen nicht alles. Schlaf tut der Haut unendlich gut, da die Zellerneuerungsprozesse bei Nacht aktiviert werden und ihren Höhepunkt zwischen 1 und 2 Uhr haben.

Eine Wechseldusche – erst heiß, dann kalt – bringt Sie wieder in Schwung. Sie hat, in einem Bruchteil der Zeit, dieselbe Wirkung wie eine Viertelstunde joggen, verjüngt Ihren ganzen Organismus, kurbelt den Kreislauf und die Energieversorgung an und läßt Ihre Haut strahlen. Ein Spaziergang ist ebenfalls zu empfehlen. Der sauerstoffreiche Ozon peppt Sie wieder auf.

Wenn Sie wollen, daß Ihre Haut besser aussieht, müssen Sie sich besser fühlen. Man weiß heute, daß weniger Streß und eine positive Lebenseinstellung Auswirkungen auf das Äußere haben. Während streßbedingte Hormonschwankungen Hautunreinheiten hervorrufen können, stimuliert eine positive Haltung die Produktion von Endorphinen. Sie gelangen über das Nervensystem in den Körper und heben die Stimmung. Sie sollen auch die Abwehr- und Regenerationsmechanismen des Körpers aktivieren, was sich wiederum positiv auf Ihren Gesamtzustand auswirkt.

SO HAT HAUTPFLEGE ERFOLG

Um schön zu sein, brauchen Sie keine teuren Kosmetika. Viele Schönheitsmittel können Sie mit dem, was Sie zu Hause haben, selbst herstellen. Das geht schnell und einfach, genauso wie die Anwendung.

Um Unreinheiten wirkungsvoll zu beseitigen, verteilen Sie kalten Naturjoghurt wie eine Maske auf Gesicht und Hals. Lassen Sie ihn ein oder zwei Minuten einwirken, und waschen Sie ihn dann mit reichlich lauwarmem Wasser wieder ab. Eine strahlende, feste Haut erhalten Sie, wenn Sie ein Eiweiß mit etwas Olivenöl verquirlen und die Mischung auf Ihrem Gesicht verteilen (Augen- und Mundpartie freilassen). Zehn Minuten einwirken lassen und mit lauwarmem Wasser abwaschen.

Gereizten Augen können Sie ebenfalls mit natürlichen Mitteln Linderung verschaffen. Stellen Sie Vollmilch ins Tiefkühlfach, bis sie sehr kalt, aber nicht gefroren ist. Tränken Sie dann zwei Wattebäusche mit der Milch, und legen Sie diese für ein paar Minuten auf die Augen. Bei geschwollenen Augen versuchen Sie es mit zwei Beuteln Kamillentee, die Sie mit heißem Wasser übergießen, abkühlen lassen und fünf Minuten auf die Augen legen.

Einfache Schritte zu einer schöneren Haut

- Halten Sie bei der Gesichtsreinigung Ihr Haar mit einer Duschhaube oder einem breiten Frotteeband aus dem Gesicht.
- Verstärken Sie die Wirkung einer Gesichtsmaske, indem Sie ein warmes Handtuch auf Ihr Gesicht legen, während die Maske einwirkt.
- Wenn Sie auf Wasser und Seife schwören, versuchen Sie es einmal mit flüssiger Seife. Die Emulgatoren in Seifenstücken sind alkalisch und können den natürlichen ph-Wert Ihrer Haut stören.
- Schließen Sie in Ihre Gesichtspflege auch immer den ganzen Hals mit ein; er braucht genauso viel Pflege.
- Anstatt eines Dampfbades legen Sie ein warmes Handtuch, auf das Sie einige Tropfen eines belebenden essentiellen Öls wie z.B. Melisse oder Pfefferminze geträufelt haben, übers Gesicht, und atmen Sie einige Minuten tief durch.

Essentielle Öle

Ein paar sorgfältig ausgewählte essentielle Öle sind wesentliche Bestandteile jeder Schönheitspflege. Fertige Hautpflegeprodukte mit essentiellen Ölen gibt es in gutsortierten Naturkostläden oder Drogerien, doch Sie können die Öle auch einzeln kaufen. Informieren Sie sich vorher darüber, welche Öle in reiner Form aufgetragen werden dürfen und welche ein Trägeröl brauchen. Vermeiden Sie unbedingt Mandelöl oder andere Nußöle, wenn Sie allergisch gegen Nüsse sind. Auf einige essentielle Öle sollte während der Schwangerschaft ganz verzichtet werden; erkundigen Sie sich vor dem Kauf danach.

BÜRSTE

Behandeln Sie Ihr Gesicht von Zeit zu Zeit mit dieser Bürste. Weiche Borsten verhindern Verletzungen der obersten Hautschicht.

HANDSCHUH

Ein weicher Frotteewaschhandschuh ist einfacher zu handhaben als ein Waschlappen.

FROTTEE-HAARBAND

Gehört unbedingt zur Grundausstattung! Ihre Haare bleiben sauber, und Sie können die Haut wirklich bis hinauf zum Haaransatz gründlich reinigen.

STRIPS

Nützlich zur gründlichen Reinigung. Im Unterschied zu Metallnadeln, mit denen Unreinheiten herausgepreßt werden, sind Strips schonender.

DIE WICHTIGSTEN

Utensilien

Erfolgreiche Gesichtspflege hängt zum einen von den richtigen Pflegeprodukten ab, zum anderen aber auch von den richtigen Hilfsmitteln.

SPIEGEL

Gut zum gründlichen Untersuchen und Pflegen der Haut. Wählen Sie einen Spiegel zum Aufstellen, damit Sie beide Hände frei haben.

WATTE-PADS

Einfach unentbehrlich! Durch die flache Oberfläche sind sie handlicher als Wattebäusche, die sich gern auflösen. Nehmen Sie für die Reinigung nicht zu große Watte-Pads.

WATTESTÄBE

Äußerst praktische kleine Helfer, ideal zum Entfernen von Make-up-Resten unter den Wimpern und zum präzisen Auftragen von Mitteln gegen Hautunreinheiten.

BLASSE, EMPFINDLICHE HAUT

siehe Seite 21

Empfindliche Haut wie die von Arabella muß mit besonderer Sorgfalt behandelt werden. Regelmäßig **reinigen, erfrischen und Feuchtigkeit zuführen** ist als Basisprogramm gut, solange milde, parfümfreie Reinigungscremes oder -lotionen verwendet werden. Wasserlösliche Reinigungsmittel sind möglicherweise zu aggressiv oder alkalisch für diesen Hauttyp; es können Reste zurückbleiben, die zu Hautirritationen führen. Auch Gesichtswasser sollte nur verwendet werden, wenn es alkoholfrei und möglichst nicht parfümiert ist. Die Parole bei diesem Hauttyp lautet **Milde**.

Empfindliche Haut ist meist auch **dünn**, weshalb Waschhandschuhe, Peeling-Schwämme und enzymaktivierte Masken vermieden werden sollten. Gönnen Sie sich statt dessen eine Entspannungsmaske oder eine **Gesichtsmassage** mit einem beruhigenden Öl wie Lavendel, Muskatellersalbei oder Kamille. Haben Sie Sommersprossen, bleichen Sie sie nicht. Eine solche Methode irritiert nur Ihre Haut.

Vermeiden Sie

- Wasser und Seife
- stark parfümierte Produkte
- stark adstringierende Produkte
- Peeling-Schwämme und -Masken

Bevorzugen Sie

- **beruhigende Inhaltsstoffe wie Kamille und Aloe Vera**
- **Produkte mit natürlichen Feuchtigkeitsspendern wie Vitamin E**
- **Feuchtigkeitsspender auf Ölbasis, die gleichzeitig schützen**

SONNENPROFIL

Sommersprossen weisen auf eine ungleichmäßige Verteilung von Melanin hin, dem natürlichen Sonnenschutz der Haut und der Substanz, die fürs Braunwerden verantwortlich ist. Folglich braucht dieser Hauttyp in der Sonne spezielle Pflege und besonderen Schutz. Ziehen Sie Produkte mit natürlichen Filtern wie Titandioxid denen mit chemischen Sunblockern vor; letztere dringen in die Haut ein und können sie reizen.

ALTERUNGSPROFIL

Da sie sehr zart ist und kaum Fett enthält, neigt empfindliche Haut schneller zu Falten und feinen Linien als die anderen Hauttypen. Halten Sie sich also nicht zu lange in der Sonne auf, und schützen Sie Ihre Haut auch vor anderen schädlichen Umwelteinflüssen wie kaltem Wind und Zentralheizung. Feuchtigkeitsspender auf Ölbasis (und das sind die meisten) wirken wie ein Schutzschild gegen die Elemente.

TIP Die beste Anschaffung für eine solche Haut ist Babywatte. Speziell für zarte Babyhaut entwickelt, enthält sie keine der mikroskopisch kleinen, rauhen Fasern.

schöne Haut

HELLE, NORMALE HAUT/ MISCHHAUT

siehe Seite 20

Normale Haut wie die von Jo ist relativ leicht zu pflegen. Die größte Gefahr besteht deshalb darin, daß man sie vernachlässigt. Viele Frauen bringen Mischhaut und normale Haut durcheinander; normale Haut ist in der Regel zwar **fest und ebenmäßig**, doch häufig konzentrieren sich die Talgdrüsen in den Bereichen **Nase, Kinn und Stirn** besonders. Versuchen Sie lieber nicht, diese fettigeren Partien und die trockenere Wangenzone unterschiedlich zu behandeln; eine einheitliche Pflege ist für diesen Hauttyp am besten.

Viele Produkte eignen sich für normale und Mischhaut. Sie haben also die freie Wahl zwischen einem milden Reinigungsfluid oder einer Creme. Wenn Ihnen beide zusagen, können Sie morgens als schnellen **Fitmacher** ein Reinigungsfluid verwenden und abends, wenn Sie mehr Zeit haben, eine Creme und eine ausgleichende Lotion. Beginnen Sie immer in der **Mitte des Gesichts**, und arbeiten Sie sich von dort nach außen vor.

Vermeiden Sie

aggressive Produkte für die fettigen Zonen

Peeling-Schwämme

Gesichtswasser auf Alkoholbasis

Bevorzugen Sie

nährstoffreiche Masken, wenn Sie Ihre Haut verwöhnen wollen

Feuchtigkeitsspender mit Sonnenschutz

Nachtcremes, die den Schönheitsschlaf noch unterstützen

SONNENPROFIL

Normaler Haut, vor allem wenn sie dazu noch hell ist, fehlen die natürlichen Schutzfaktoren einer fettigeren Haut, weshalb starker Sonnenschutz unerläßlich ist. Überlegen Sie, ob Sie sich nicht Feuchtigkeitscremes und Foundations zulegen wollen, die bereits einen Sonnenschutzfaktor enthalten. Dies ist zum Beispiel bei getönten Feuchtigkeitscremes oft der Fall. Auf diese Art müssen Sie Ihrer Haut kein zusätzliches Produkt zumuten.

ALTERUNGSPROFIL

Wenn Sie normale Haut haben und sie sorgfältig pflegen, werden Sie ab etwa Mitte 30 die ersten feinen Linien und ab Mitte 40 die ersten Falten und ein Nachlassen der Elastizität feststellen. Sonnenbaden und Rauchen beschleunigen diesen Prozeß enorm. Ihr pflegeleichter, vergleichsweise robuster Hauttyp erlaubt es, auch Antifalten-Cremes mit hochwirksamen Inhaltsstoffen wie Fruchtsäure zu verwenden. Nicht rezeptpflichtige Cremes mit Vitamin A sind ebenfalls zu empfehlen.

TIP Geben Sie Gesichtswasser, besonders wenn es auf Alkoholbasis ist, auf bereits angefeuchtete Watte-Pads. Es reicht länger, ist milder und wirkt weniger adstringierend.

schöne Haut

FETTIGE, OLIV-
FARBENE HAUT

siehe Seite 21

Fettige Haut wie die von Susanna, die vermehrte oder produktivere Talgdrüsen aufweist als eher trockene Hauttypen, wird meist **nicht eben sanft** behandelt. Zum einen, weil die betroffenen Frauen sie für allzu robust halten, zum anderen, weil sie sich oft nicht anders zu helfen wissen und zu aggressiven Mitteln greifen, um die übermäßige Talgproduktion in den Griff zu bekommen.

Verwenden Sie statt Wasser und Seife ein **mikrofeines Reinigungsöl.** Öle verbinden sich mit anderen Ölen, so daß hier eher eine positive Wirkung zu erwarten ist als bei Wasser, das von Fett abgestoßen wird. Wählen Sie für Problemzonen statt adstringierendem Gesichtswasser mildere Alternativen. Reinigungs-Strips ziehen den Schmutz aus den Poren, und Masken auf Heilerde-Basis helfen, Schmutz und überschüssiges Fett zu entfernen. Tragen Sie keine Masken auf, die Ihre Haut vollständig austrocknen, und verzichten Sie nicht auf **Feuchtigkeitsspender.**

Vermeiden Sie

Wasser und Seife
Gesichtswasser auf Alkoholbasis
Feuchtigkeitsspender auf Ölbasis
zu häufiges Berühren des Gesichts

Bevorzugen Sie

klärende Produkte, speziell gegen Pickel und Mitesser
antibakterielle essentielle Öle wie Teebaum- oder Grapefruitöl
Reinigungsöle statt reichhaltiger Cremes und Lotionen

SONNENPROFIL

Dieser Hauttyp reagiert etwas weniger empfindlich auf Sonnenstrahlen als hellere, trockenere Haut. Die Haut ist dicker, und der fettige Überzug bildet einen Schutzmantel gegen die tief eindringenden Strahlen. Der olivfarbene Teint läßt auf eine gleichmäßige Melaninverteilung in hoher Konzentration schließen, d.h. auf einen hohen Eigenschutz. Das bedeutet jedoch keineswegs, daß Sie auf Sonnenschutzmittel verzichten können. Sie gehören zu jedem Hautpflegeprogramm.

ALTERUNGSPROFIL

Fettige Haut altert in der Regel weniger schnell als trockene, besonders wenn Sie einen dunkleren Teint haben. Feine Linien können dennoch auftreten, vor allem im Bereich des Mundes und auf der Stirn. Mit Gesichtsgymnastik kann dem entgegengewirkt werden, da hierdurch die Muskulatur locker bleibt. (Auf S. 54 finden Sie drei einfache und schnelle Übungen.)

TIP Um die Bakterien, die Pickel entstehen lassen, nicht noch zu verteilen, binden Sie Ihr Haar zurück, und lassen Sie die Hände aus dem Gesicht.

schöne Haut

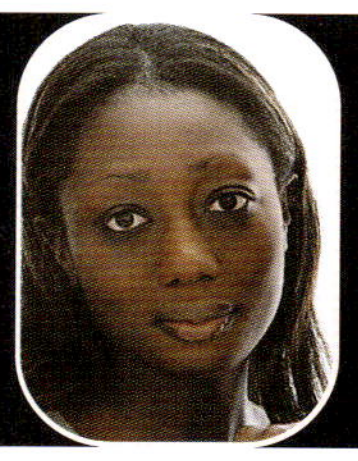

DUNKLE HAUT

siehe Seite 21

Während es in der Beschaffenheit von schwarzer und weißer Haut praktisch keinen Unterschied gibt, ist die Abweichung der **Pigmentdichte** beträchtlich. Da dunkle Haut wie die von Sandra relativ unempfindlich auf Sonnenstrahlen reagiert, wird sie oft als widerstandsfähiger angesehen, als sie tatsächlich ist. Aggressive Produkte können auch dunkle Haut schädigen; sie wirkt dann fleckig und uneben. Vermeiden Sie deshalb Peeling-Schwämme und -Cremes sowie Produkte mit Aktivstoffen wie Rétinol und Wasserstoffperoxid. Versuchen Sie nicht, an Ihrer Haut zu kratzen oder zu drücken, da dadurch tiefer liegende Hautschichten verletzt werden können.

Beginnen Sie Ihr Pflegeprogramm mit einer **milden Reinigungscreme**. Entfernen sie anschließend abgestorbene Hautschuppen, die die Haut matt und grau erscheinen lassen, mit einem weichen Waschhandschuh oder einem milden Gesichtswasser. Tragen Sie sofort danach eine Feuchtigkeitspflege auf.

Vermeiden Sie

Produkte mit Rétinol

Produkte zum Bleichen der Haut

Hautcremes mit Wasserstoffperoid

Sisal-Pads und rauhe Peeling-Schwämme

Bevorzugen Sie

milde Peeling-Produkte

Sonnenschutzmittel mit UVA- und UVB-Filter

milde Gesichtswasser mit Fruchtsäuren

SONNENPROFIL

Daß bei dunklerer Haut keine Sonnenschäden auftreten können, ist schlicht ein Märchen. Man unterscheidet bei dunkler Haut etwa 35 Farbstufen (im Gegensatz zu drei bei heller Haut), und die meisten bräunen in der Sonne. Trotz ihres hohen Melaninanteils ist deshalb auch bei dunkler Haut Sonnenschutz ratsam. Auf die ganz hohen Lichtschutzfaktoren können Sie allerdings verzichten, und Sonnenschutz ist auch nicht das ganze Jahr über nötig.

ALTERUNGSPROFIL

Auch wenn es bei dunkler Haut vielleicht keinen Sonnenbrand gibt, ist sie doch anfällig gegen freie Radikale, das sind Moleküle, die Hautzellen schwächen und zerstören und für die sichtbaren Zeichen des Alterns verantwortlich sind. Da die Sonne die freien Radikalen aktiviert, ist ein gutes Sonnenschutzmittel angeraten. Wählen Sie Produkte, die Vitamin C, E und Beta-Carotin enthalten, ein natürlicher Schutz gegen freie Radikale.

TIP Dunkle Haut ist oftmals fettig. Zu starkes Glänzen verhindern Sie durch eine mattierende, ölfreie Feuchtigkeitscreme für die tägliche Pflege.

schöne Haut

TROCKENE,
REIFE HAUT
siehe Seite 20

Bei der reifen Haut wie der von Lynne läßt die Produktion der Talgdrüsen nach, d.h. es werden weniger schützende Öle produziert. Die Zellen werden flacher, was zu einem höheren Feuchtigkeitsverlust und **trockener, stumpfer Haut** führt. Beginnen Sie Ihr Pflegeprogramm mit einem hochwertigen Reinigungsmittel, das die Haut nicht austrocknet. Ein Gesichtswasser mit **Fruchtsäure** entfernt sanft die abgestorbenen Hautschuppen und kann der Haut zu mehr Feuchtigkeit verhelfen.

Chemische Feuchtigkeitsspender wie Ceramid-Cremes enthalten jede Menge Lipide (Fette), die von der Haut aufgenommen werden und sie glatter erscheinen lassen. Produkte mit Huminstoffen helfen der Haut, Feuchtigkeit aus der Luft aufzunehmen. Kleine **Wunder** wirken auch Produkte mit essentiellen Ölen, reichhaltige Masken und Nachtcremes. Die gezielte Hautpflege sollte den Feuchtigkeits- und Fettgehalt der Haut verbessern.

Vermeiden Sie

Cremes auf Lanolin-Basis weil sie die Poren verstopfen können

sehr heißes oder kaltes Wasser

Streß

Bevorzugen Sie

feuchtigkeitsspeichernde Wirkstoffe wie Hyaluronsäure

Feuchtigkeitsspender mit reflektierenden Mikropigmenten

Nachtcremes mit Fruchtsäure

SONNENPROFIL

Zuviel Sonne schadet auch reiferer Haut, doch es ist nie zu spät, sich vor ihren schädlichen Strahlen zu schützen. Wenn Sie bereits Altersflecken haben, versuchen Sie es mit einer Creme mit besonders vielen Fruchtwirkstoffen; die Flecken werden blasser, und das auf sanftere Art als beim Bleichen.

ALTERUNGSPROFIL

Reife Haut speichert vielleicht nicht mehr soviel Feuchtigkeit, doch mit hochwirksamen Feuchtigkeitsspendern reflektiert sie das Licht auch weiterhin; sie wirkt jünger und strahlender. Wählen Sie Feuchtigkeitsspender mit Antioxidanzien wie den Vitaminen C, E und Beta-Carotin. Sie schützen die Haut, bauen sie auf und stimulieren die Kollagen-Produktion. Kollagen findet sich in den tieferen Hautschichten, wo es Feuchtigkeit speichert und die Haut geschmeidig hält.

TIP Pflanzen können Ihrer Haut dadurch helfen, daß sie Feuchtigkeit an die Luft abgeben. Außerdem »schlucken« sie die positiven Ionen, die Computer ausstrahlen.

schöne Haut

Essen
MIT VERSTAND

Ausgewogenheit ist der Schlüssel zu allem, und dies gilt selbstverständlich auch für unsere Eßgewohnheiten. Den meisten Menschen ist es nicht möglich, jeden Tag frisch zubereitete Gerichte sowie Obst und Gemüse zu sich zu nehmen. Dennoch ist es besser, alles, was wir essen, zu genießen, als sich wegen gelegentlicher Sünden ein schlechtes Gewissen zu machen.

Nur wer genügend informiert ist, kann das Richtige für seine Ernährung auswählen. Eine kleine Flasche frisch gepreßter Orangensaft etwa ist zwar reich an Vitamin C, da sie aber den Saft von bis zu sechs Orangen enthält, kann das für empfindliche Haut zu viel Säure sein. Milchprodukte, die in Maßen ohne Zweifel sehr gesund sind, können dem Verdauungssystem arg zusetzen, wenn zuviel davon gegessen wurde. Außerdem können sie Auslöser für allergische Reaktionen sein. Lebensmittel mit hohem Jodgehalt wie Eier, Malzbrot und Schalentiere können, in großen Mengen genossen, Akne hervorrufen.

Gesunde Ernährung hat wie alles andere auch viel mit gesundem Menschenverstand zu tun. Übertreiben Sie es deshalb nicht mit scharfen Gewürzen und fetten Speisen – sie können unserem Verdauungssystem zu schaffen machen –, sowie mit stark behandelten Lebensmitteln, die kaum noch einen Nährwert enthalten. Wählen Sie statt dessen naturbelassene und vollwertige Lebensmittel und schonende Garmethoden.

Nudeln gehören zu unseren Hauptnahrungsmitteln. Sie enthalten die nötigen Kohlenhydrate, um uns den ganzen Tag über mit Energie zu versorgen. Mit ein wenig kaltgepreßtem Olivenöl beträufelt – einer der Stars unter den natürlichen Lebensmitteln – und zusammen mit einem knackigen grünen Salat ergeben sie eine leckere Mahlzeit, die einen hohen Anteil ungesättigter Fette und jede Menge Vitamine enthält.

> Frisches Obst und Gemüse sind das A und O gesunder Ernährung

LEBENSMITTEL FÜR GESUNDHEIT UND VITALITÄT

Lebensmittel zu erkennen, die der Haut guttun, ist nicht schwer. Antioxidanzien (die Vitamine C, E und Beta-Carotin) werden sowohl von Ernährungswissenschaftlern als auch von Hautpflege-Experten gesundheitsfördernde Eigenschaften zugeschrieben. Sie sollen u.a. vor Krebs und Herzkrankheiten schützen, das Immunsystem in Schwung bringen und mithelfen, die sichtbaren Zeichen des Alterns hinauszuzögern, indem sie die freien Radikalen unschädlich machen. Sie stecken in der Regel in gelben, orangefarbenen und roten Früchten und Gemüsesorten sowie in dunkelgrünem Blattgemüse.

Greifen Sie zu organischen Lebensmitteln, die Sie entweder dämpfen oder roh essen, damit Geschmack und Vitamingehalt optimal erhalten bleiben. Falls Sie nicht immer ausreichend Zeit für die empfohlenen fünf Mahlzeiten pro Tag haben, versuchen Sie, sich regelmäßig morgens aus mehreren frisch gepreßten Früchten einen gesunden Frühstückstrunk zuzubereiten – dann fängt der Tag gleich gut an.

Ballaststoffreiche Lebensmittel helfen dem Körper, Giftstoffe abzubauen. Ersetzen Sie deshalb Brot und Nudeln aus Weißmehl sowie weißen Reis durch Vollkornprodukte oder Wildreis. Alkohol ist nicht immer nur schädlich. Naturbelassener Rotwein z. B. enthält kaum Chemikalien, dafür aber viele Antioxidanzien. Falls Sie morgens ohne Kaffee nicht in die Gänge kommen, trinken Sie lieber eine Tasse frisch gemahlenen als mehrere Tassen Instantkaffee. Kräutertees beleben und erfrischen ebenfalls.

Wasser können Sie nie zuviel trinken. Sechs bis acht Gläser, über den Tag verteilt, spülen Ihren Organismus durch und regulieren Ihren Feuchtigkeitshaushalt.

Nur wenige Lebensmittel sind unter allen Umständen gut bzw. schlecht. Die unten aufgeführten Lebensmittel sollten Sie jedoch nur in Maßen genießen, falls Sie Haut- oder Verdauungsprobleme haben. Verzichten Sie nicht ganz darauf – Milchprodukte beispielsweise sind wichtige Kalzium- und Proteinlieferanten und somit unentbehrlich für eine ausgewogene Ernährung. Sie dürfen es, wenn Sie an Hautunreinheiten oder Allergien leiden, nur nicht übertreiben. Andererseits sind viele Obst- und Gemüsesorten zwar reich an antioxidativen Vitaminen, doch einige – wie etwa Spinat – sind auch säurehaltig. Bei Hautproblemen sollten auch hiervon nur geringe Mengen gegessen werden.

SCHLECHT FÜR DIE HAUT

Säurehaltiges

- Spinat
- Brunnenkresse
- Sauerampfer
- Alle Zitrusfrüchte
- Ananas
- Viele Beerensorten, einschließlich Erdbeeren
- Äpfel und Pflaumen
- Weintrauben
- Rhabarber
- Essig und sauer eingelegte oder gegorene Lebensmittel wie Sauerkraut
- Die meisten alkoholischen Getränke

Milchprodukte

- Milch
- Sahne
- Hartkäse
- Butter
- Joghurt
- Eiscreme

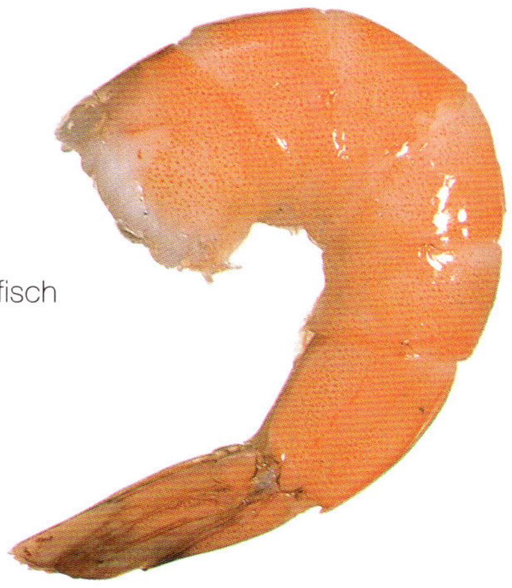

Jodhaltiges

- Seefische wie z.B. Scholle, Kabeljau, Schellfisch
- Schalentiere wie z.B. Garnelen, Austern, (Mies-)Muscheln, Krebse, Tintenfische
- Eier
- Weizenkeime, Malzbrot
- Bier

GUT FÜR DIE HAUT

Stark Antioxidatives

Alle Tomatenerzeugnisse, einschließlich Saft und Püree
Zwiebeln
Brokkoli
Dicke Bohnen (frisch oder getrocknet)
Rosenkohl
Spinat
Wirsing
Grünkohl
Frühlingsgemüse
Rote und gelbe Paprika und Peperoni
Spargel
Kürbis
Süßkartoffeln
Avocado
Die meisten Obstsorten, vor allem Mango, Melone und Kiwi
Knoblauch

Reinigendes

Wasser
Rote Bete
Artischocken
Lauch
Gurke
Zwiebeln
Äpfel
Petersilie
Schnittlauch
Knoblauch
Ingwer
Peperoni
Olivenöl

Falten

DIE GROSSE DEBATTE

Das Problem der Hautalterung ist zu einer Obsession des ausgehenden 20. Jahrhunderts geworden, da die Medien unerreichbare Ideale und Beispiele an Perfektion zum Maßstab erklärten. Tatsächlich hat die Hautalterung jedoch sehr wenig mit dem physischen Alter zu tun, sondern viel mehr mit Umweltfaktoren, genetischen Vorgaben und dem Lebensstil.

Studien zufolge ist die Hautalterung zu 80 % auf übermäßige Sonneneinwirkung zurückzuführen. Falls Sie an der Richtigkeit dieser Aussage zweifeln, vergleichen Sie doch einfach die Haut an einer Stelle Ihres Körpers, die kaum der Sonne ausgesetzt ist, wie z.B. die Innenseiten der Oberschenkel, mit Ihrer Gesichtshaut oder der Haut an Ihren Händen. Die wenig der Sonne ausgesetzten Stellen werden kaum die üblichen Anzeichen für Hautalterung – feine Linien, Falten und mangelnde Festigkeit – aufweisen, während die anderen Hautpartien auf Zellebene geschädigt sind. Als Folge schrumpft die Unterhaut, und die Oberhaut wird schrumpelig.

Durch Sonnenschäden verursachte Falten werden erst nach 10 bis 15 Jahren sichtbar. Gingen sie nie in die Sonne, würden die meisten Frauen das durchschnittliche Hautbild einer 25jährigen behalten.

Die Sonne ist jedoch nicht allein schuld. Die Qualität der Luft wird vor allem in den Städten immer schlechter. Während wir früher noch reine, sauerstoffreiche Luft eingeatmet haben, werden wir heute mit einer hohen Luftverschmutzung konfrontiert. Bodennahes Ozon, das entsteht, wenn Auspuffgase und Sonnenlicht zusammentreffen, aktiviert die sogenannten freien Radikalen, die in Körper und Haut verheerende Schäden anrichten.

Die Sauerstoffversorgung der Haut läßt mit dem Alter ebenfalls nach. Einige Studien gehen von einem Abfall von bis zu 70 % aus, beginnend im Alter von 24 Jahren, was dazu beiträgt, daß die Haut stumpf und schlaff wird. Während in Amerika die Zulassung der dort so populären »oxygen bars« noch umstritten ist, zeigen mit Sauerstoff versetzte Hautcremes offenbar gute Erfolge.

Hautalterung ist zu 80 % auf Sonnenschäden zurückzuführen

DIE JAHRE NICHT ZEIGEN

Ein guter Knochenbau ist die beste Waffe der Natur gegen die Schwerkraft und das im Alter unvermeidliche Erschlaffen der Haut. Gegen die Auswirkungen des Älterwerdens können wir einiges tun. Mit dem Rauchen aufzuhören sollte der erste Schritt sein. Rauchen verursacht nicht nur Falten, es aktiviert auch die freien Radikalen, die der Haut schaden.

Ausreichender Schlaf ist eine weitere unerläßliche Voraussetzung für eine gesunde, strahlende Haut. Tun Sie sich noch zusätzlich etwas Gutes, indem Sie eine leichte Nachtcreme auftragen und sich einen Kopfkissenbezug aus Satin gönnen, damit Ihre Haut im Schlaf Bewegungsfreiheit hat. Auf einem glatten Stoff bleibt die Haut weniger leicht kleben.

Schließlich geht aus einer neueren Studie hervor, daß eine positive Einstellung sich meßbar auf unser Wohlbefinden auswirkt und folglich auch auf unser Erscheinungsbild. Ein glücklicher Mensch hat in der Regel ein strahlendes, schönes Gesicht.

METHODEN DER WISSENSCHAFT

Es ist gut zu wissen, daß wir im Kampf gegen den Alterungsprozeß nicht allein sind. Eine ganze Palette von Hautpflegeprodukten wurde speziell dafür entwickelt.

Die Vielzahl von Namen und Versprechungen mag verwirren, doch die meisten lassen sich einer der drei unten angeführten Gruppen zuordnen.

Antioxidanzien Der Alterungsprozeß wird durch die Veränderung und Zerstörung von Zellen bewirkt. Dieser natürliche Vorgang wird zum Teil von freien Radikalen verursacht. Die mörderischen Moleküle, die durch Sonneneinwirkung, Umweltgifte und Rauchen aktiviert werden, sind für viele sichtbaren Zeichen des Alterns verantwortlich. Doch wie es zu jedem Mittel ein Gegenmittel gibt, haben auch die freien Radikalen Gegenspieler: die Antioxidanzien.

Die bekanntesten Antioxidanzien sind Vitamin E, Vitamin C und Beta-Carotin, eine Form des Vitamin A. Die große Herausforderung der Kosmetikfirmen lag nicht darin, die positive Wirkung dieser Vitamine zu erkennen, sondern sie nutzbar zu machen. Vitamin C hat sich als besonders schwer zu fassen erwiesen. Es ist extrem unbeständig und versagt in Cremes schon allein deshalb seinen Dienst, weil es wasserlöslich ist. Doch in jüngster Zeit ist es gelungen, es in Puder »einzufangen« und kurz vor dem Gebrauch unterzumischen bzw. es durch dieselben Elemente zu binden, die diese Aufgabe in Orangen erfüllen. Vitamin E ist das am häufigsten anzutreffende Antioxidanzium. Der geschätzte und leicht einzuarbeitende Bestandteil vieler Pflegeprodukte ist gleichzeitig ein natürliches Konservierungsmittel.

Fruchtsäuren Bei Babys und Kleinkindern erneuern sich die Zellen der obersten Hautschicht etwa alle 14 Tage. So lange dauert es, bis die Zellen, die tief in der Haut gebildet werden, an die Oberfläche wandern und dabei abgestorbene Zellen ablösen. Im Alter verlangsamt sich dieser Erneuerungsprozeß auf 28 Tage.

Diesen Prozeß wieder zu beschleunigen, damit mehr jung wirkende Haut gebildet wird, ist das Ziel vieler Produkte,

darunter auch solcher mit Fruchtsäuren. Das sind milde, natürliche Säuren, die z.B. aus Früchten oder Milch gewonnen werden und dafür sorgen, daß die Zellen an der Hautoberfläche sich lösen und abgestoßen werden. Dies wiederum kurbelt die Produktion neuer Hautzellen an und läßt sie rascher an die Oberfläche wandern. Theoretisch entsteht dadurch festere, jünger wirkende Haut.

Sonnenfilter Sonnenschutz dient nicht nur der Gesundheit, er beugt auch der Hautalterung vor. Mittlerweile sind in vielen Kosmetikprodukten – nicht nur in Sonnenmilch und -cremes – Sonnenfilter enthalten. Ein hoher Lichtschutzfaktor (LSF) bietet den besten Schutz, und selbst wenn Sie nicht so sonnenempfindlich sind, sollten Sie lieber einen hohen als einen niedrigen LSF wählen.

Entscheiden Sie sich für Produkte, die sowohl vor UVA- als auch vor UVB-Strahlen schützen. UVA-Strahlen dringen tiefer in die Haut ein als UVB-Strahlen und sind für die sichtbaren Zeichen des Alterns verantwortlich, da sie die DNA der Haut zerstören und Elastin und Kollagen im Bindegewebe schädigen. Sowohl UVA- als auch UVB-Strahlen (die Sonnenbrand hervorrufen) können zu Hautkrebs führen.

Wer empfindliche Haut hat, kann aufatmen. Produkte mit natürlichen Filtern wie Titandioxid wurden erheblich verbessert, und die jüngsten enthalten so fein pulverisierte Partikel, daß sie auf der Haut nicht zu erkennen sind. Da sie die Sonnenstrahlen von der Haut ablenken, dabei jedoch nicht wie chemische Sonnenschutzmittel in sie eindringen, sind Hautreizungen eher selten.

Vergessen Sie nicht, daß auch Haar und Kopfhaut im Sommer Schutz brauchen und daß auch wasserfeste Produkte öfter frisch aufgetragen werden sollten. Lockere, leichte Kleidung bietet zwar einen gewissen Schutz, doch vor der schädlichen Wirkung von UV-Strahlen bewahren Sie nur dicht gewebte Stoffe.

ALTERSBREMSE AUF REZEPT

Rezeptpflichtige Antifaltencremes enthielten früher hauptsächlich Rétinol, ein Vitamin-A-Derivat, das ursprünglich als Mittel gegen Akne entwickelt wurde. Nachdem in Studien nachgewiesen werden konnte, daß seine enorme Peeling-Wirkung sich auch positiv auf Falten auswirkt, wurde es zum wichtigsten Bestandteil vieler Antifaltenprodukte. Cremes mit einem weniger hohen Rétinol-Anteil sind inzwischen auch rezeptfrei erhältlich, doch die stärkeren, wirkungsvolleren Produkte müssen weiterhin vom Hautarzt verschrieben werden.

Sie haben den Nachteil, daß sie die Haut empfindlich gegenüber UV-Strahlen machen; Sonnenschutz wird also zum absoluten Muß. Sie können außerdem zu einer ungleichmäßigen Pigmentverteilung führen, was besonders bei dunkler Haut auffällt. Genau wie bei Vitamin-A-reichen Lebensmitteln sollte während der Schwangerschaft darauf verzichtet werden.

AUCH AUGEN ALTERN

Auch wenn bei einem sorgfältigen Hautpflegeprogramm sämtlichen Bereichen von Gesicht und Hals dieselbe Aufmerksamkeit zuteil werden sollte, fallen den meisten von uns die ersten Spuren des Älterwerdens im Bereich um die Augen auf. Das liegt zum einen daran, daß wir den Augen als den besonders ausdrucksvollen Zonen unseres Gesichts erhöhte Aufmerksamkeit schenken, zum anderen daran, daß sie ständig in Bewegung sind und der Augenbereich deshalb besonders stark beansprucht wird. Zu allem Übel ist die Haut hier auch noch 50 % dünner als im übrigen Gesicht.

Nicht alle negativen Erscheinungen im Bereich der Augen haben direkt etwas mit dem Alterungsprozeß zu tun, auch wenn sie im Alter meist noch deutlicher zutage treten. Geschwollene Augen etwa entstehen durch Flüssigkeitsansammlung, woran oft ein niedriger Kreislauf, Rauchen und Alkoholkonsum schuld sind. Dieses Problem lösen Sie am ehesten, indem Sie Ihren Lebensstil ändern. Gesunde Ernährung und etwas Sport bekommen Ihnen besser als übermäßig viel Schlaf. Dermatologen empfehlen ein dickeres Kopfkissen, damit Ihr Kopf höher liegt als das Herz, was den Lymphfluß in Gang bringt und dem Körper hilft, überschüssige Flüssigkeit abzubauen. Wer unter geschwollenen Augen leidet, sollte auch auf ölhaltige Augencremes und reichhaltige Reinigungsfluids verzichten.

Dunkle Ringe um die Augen können erblich sein, aber auch auf erhöhte Toxinwerte hinweisen oder lediglich auf zu wenig Schlaf. Sie lassen das Gesicht müde und alt erscheinen. Kurzfristig ist dieses Problem sehr einfach aus der Welt zu schaffen, da Augenringe rasch und effektiv mit Make-up verdeckt werden können. Als längerfristige Lösung hilft eine sanfte Augenmassage, um den Kreislauf im Augenbereich anzuregen (s. S. 54).

Tränensäcke treten auf, wenn das Fettgewebe unter den Augen geschädigt ist oder sich im Alter verändert. Wer beim Reinigen oder Make-up-Auftragen nicht äußerst vorsichtig ist oder sich zu fest die Augen reibt, kann alles noch verschlimmern. Klopfen Sie Ihre Augencreme ohne Druck nur leicht ein.

Krähenfüße, die ersten Anzeichen des Alterns, entstehen meist einfach durch häufiges Lächeln. Tragen Sie Sonnenschutzmittel auf, und versuchen Sie, die Augen nicht zusammenzukneifen.

Jede Menge Tests

Sie haben Ihren Hauttyp bestimmt, die für Sie notwendigen Produkte ausgewählt und wollen jetzt wissen, ob sie auch wirken. Leider gibt es keine Erfolgsgarantie. Sämtliche Kosmetika durchlaufen aber einen oder mehrere der unten aufgeführten Tests, bevor sie in den Handel kommen.

- Bei einer Hautbiopsie werden Gewebefasern mit dem entsprechenden Produkt behandelt und anschließend unter dem Mikroskop auf positive oder negative Veränderungen hin untersucht.
- Künstliche Hautzellen, die der menschlichen Haut entsprechen, werden unter Laborbedingungen erzeugt, um daran die Produkte zu testen.
- Ein »Cutometer«, ein Gerät zur Messung der Hautelastizität, wird eingesetzt, um die Wirksamkeit von Produkten während des Testlaufs zu bewerten. Er spannt die Haut und läßt wieder locker; dabei wird der »Rückstoß« gemessen. Je schneller er erfolgt, desto elastischer ist die Haut.
- Bildanalysen, bei denen eine Art Scanner dreidimensionale Bilder von der Hautoberfläche an den Computer übermittelt, zeigen sämtliche Veränderungen der Haut, während ein Produkt getestet wird.
- Silicon-Abdrucke funktionieren ähnlich. Über einen gewissen Zeitraum macht man solche gummiartigen Abdrucke von der Haut, die detaillierte Angaben über die Oberflächenbeschaffenheit und alle auftretenden Veränderungen liefern.

Eines sollte man jedoch nicht vergessen: Produkte erzielen in der Testphase oft eine bessere Wirkung als zu Hause. Das liegt wahrscheinlich daran, daß die Testpersonen sich strikt an die Anweisungen halten, während wir oft etwas nachlässiger sind.

TIPS

Gesichts-reinigung

Die Voraussetzung für schöne Haut ist eine sanfte, sorgfältige und entspannende Reinigung.

1 Kämmen Sie Ihr Haar zurück, und halten Sie es mit einem sauberen Frotteeband aus dem Gesicht. Geben Sie eine walnußgroße Menge Reinigungsmittel in Ihre Handfläche, und wärmen Sie sie vorsichtig an.

2 Tragen Sie das Reinigungsmittel mit den Fingerspitzen auf. Beginnen Sie in der Mitte des Gesichts, und streichen Sie nach oben und außen, damit das Mittel auch unter die feinen Härchen gelangen kann, die Ihr Gesicht bedecken. Tupfen Sie überschüssiges Reinigungsmittel mit einem Papiertuch ab.

5 Achten Sie beim Auftragen der Maske darauf, daß Mund- und Augenpartie frei bleiben. Vergessen Sie auch hier den Hals nicht; er gehört immer dazu. Schützen Sie Ihre Kleidung, indem Sie Papiertücher in den Ausschnitt stecken.

GEHEIMNISSE DER Profi-Klasse

3 Tauchen Sie zwei Watte-Pads zuerst in kaltes Wasser und dann in Make-up-Entferner. Legen Sie die Pads auf die Augen, warten Sie ein paar Sekunden, und streichen Sie dann mit den Fingerspitzen vorsichtig über die Pads, bis Ihr Augen-Make-up vollständig entfernt ist.

4 Entfernen Sie nun mit sauberen, in warmes Wasser getauchten Watte-Pads das Reinigungsmittel vom übrigen Gesicht. Spritzen Sie sich dann vorsichtig etwas kaltes Wasser ins Gesicht. Das stimuliert die Haut und ist die beste Vorbereitung auf eine Maske.

6 Geben Sie auf ein angewärmtes Handtuch einige Tropfen eines entspannenden essentiellen Öls wie Lavendel oder Kamille. Legen Sie das Handtuch übers Gesicht, und entspannen Sie im Liegen zehn Minuten, damit alle Wirkstoffe in die Haut eindringen können.

7 Entfernen Sie die Maske vorsichtig mit Papiertüchern und mit sauberen, in warmes Wasser getauchten Watte-Pads. Tauchen Sie zum Schluß noch einmal zwei saubere Pads in kaltes Wasser, und legen Sie sie für einige Sekunden auf die Augen.

TIPS

Gesichts-massage

Verwöhnen Sie Ihre Haut, und vergessen Sie allen Streß bei einer entspannenden Massage.

1 Geben Sie Massageöl, das Sie nach Wunsch mit einigen Tropfen essentiellem Öl vermischt haben, auf Ihre Fingerspitzen. Arbeiten Sie mit leichten, kreisenden Bewegungen von der Mitte der Stirn zu den Schläfen hin, von den Wangen zu den Ohren – die Ohrläppchen bekommen ihre Massage durch leichtes Ziehen – und schließlich von der Kinnmitte aus den Kiefer hinauf.

2 Gehen Sie jetzt noch einmal vom Kinn aus den Kiefer hinauf, nur daß die Massage nun durch leichtes Klopfen mit den Fingerspitzen erfolgt. Dies kurbelt den Lymphabfluß in diesem Bereich an, wo sich, weil er oft angespannt ist, häufig Flüssigkeit staut.

TIPS

Gesichts-gymnastik

Mit diesen Übungen bleiben Ihre Gesichts- und Halsmuskeln in Top-Form.

1 Stellen Sie sich vor einen Spiegel, schauen Sie sich in die Augen, und schließen Sie sie halb. Sie werden eine leichte Spannung unter den Augen spüren. Fünfmal wiederholen, dabei die Spannung jeweils einige Sekunden halten.

GEHEIMNISSE DER
Profi-Klasse

3 Jetzt massieren Sie mit zwei Fingerspitzen und leichtem Druck die inneren Augenhöhlen. Drücken Sie nur so fest, wie es angenehm ist, und beschränken Sie sich auf die knochigen Bereiche. Das Auge und die Augenlider auslassen.

4 Legen Sie zum Schluß jeweils zwei Finger an die Nasenflügel, und massieren Sie schräg nach unten zu den Mundwinkeln hin, indem Sie mit den Fingerspitzen kurz Druck ausüben und wieder nachlassen.

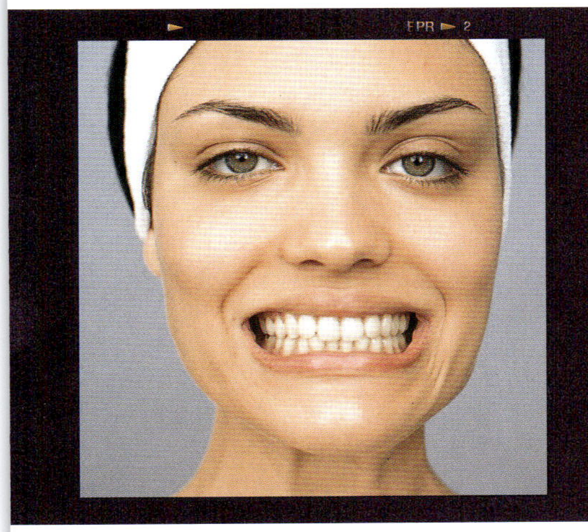

2 Das Zähnefletschen wirkt wie eine furchterregende Grimasse. Sie sollten die Muskelanspannung bis hinunter in den Hals spüren. Die Spannung einige Sekunden halten, lockerlassen und vier- oder fünfmal wiederholen.

3 Mit dieser Übung entspannen Models den Mundbereich, damit kleine Linien und Mimikfalten nicht zu stark in Erscheinung treten. Lassen Sie den Mund vollkommen locker und pusten Sie. Dabei nicht die Wangen aufblasen, nur leicht pusten. Einige Male wiederholen.

Make-up

EIN TEINT WIE Samt UND SEIDE

Zu Ihrer Hautpflege gehört mehr als das Reinigen und Auftragen von Gesichtswasser und Feuchtigkeitscreme. Make-up gibt Ihrer Haut das optimale Finish, läßt kleine Hautunebenheiten verschwinden und verleiht Ihnen einen ebenmäßigen Teint.

Make-up ist für Ihre Haut auch ein wirksamer Schutz vor der Witterung. Die Pigmente und Feuchtigkeitsspender in vielen modernen Make-up-Produkten halten Ihre Haut weich und geschmeidig und schützen sie vor schädigenden Umwelteinflüssen. Einige Produkte enthalten zusätzliche Nährstoffe für die Haut wie Vitamin E, das die positive Wirkung Ihrer Pflege verstärkt.

Egal ob Sie sich für eine flüssige Foundation, eine Creme oder einen kompakten Make-up-Stift entscheiden, alle Produkte enthalten in der Regel einen Sonnenschutzfilter, der den bereits durch die Farbpigmente gewährten Schutz noch verstärkt. Schauen Sie auf dem Etikett nach, wie hoch der Faktor Ihres Produktes ist. Enthält es keinen Sonnenschutz, sollten Sie unter Ihr Make-up eine Sonnencreme auftragen. Dabei ein und dasselbe Produkt für Körper und Gesicht zu verwenden ist allerdings an der falschen Stelle gespart, denn eine Sonnencreme, die speziell für die Gesichtshaut entwickelt wurde, ist leichter und weniger fettig.

Eine Grundierung bietet die perfekte Basis für den anschließenden Auftrag von Farbe, besonders wenn Sie fettige Haut haben. Meist handelt es sich um cremige Gels, die Ihre Feuchtigkeitscreme nicht ersetzen, sondern nach deren Gebrauch aufgetragen werden sollten. Wählen Sie Grundierungen und Feuchtigkeitsprodukte, die speziell für eine Anwendung unter dem Make-up entwickelt wurden. Sie lassen Foundation oder Puder besser auf der Haut haften, so daß sie im Tagesverlauf nicht verläuft.

Für dunkle Haut gibt es inzwischen eine wachsende Auswahl an Produkten. Eindrucksvolle Farben und wirksame Zusammensetzungen mit höherer Pigmentation verhindern, daß die Foundation stumpf und grau wirkt. Falls Sie bisher noch nie Foundation verwendet haben, sollten Sie es einmal versuchen. Sie werden über den deutlich sichtbaren Unterschied staunen.

Die meisten Frauen sind der Meinung, daß Abdeckstifte und -cremes lediglich Ringe unter den Augen oder Hautunreinheiten verschwinden lassen. Richtig angewandt, können sie jedoch an anderen Stellen des Gesichts Müdigkeitsfältchen mildern und die grau wirkenden Partien aufhellen, die entstehen, wenn die Haut im Alter ihre Elastizität verliert. Die natürlichen Kerben, die von den Nasenflügeln zu den Mundwinkeln hin verlaufen, sind klassische Alterserscheinungen, die problemlos vertuscht werden können. Verwenden Sie hier jedoch keine extra helle Abdeckcreme – sie würde auffallen. Wählen Sie einen Ton, der etwas wärmer ist als der, den Sie sonst verwenden, oder tupfen Sie Foundation auf, allerdings eine Nuance heller als üblich.

Abdeckprodukte variieren stark, was ihr Gewicht und die beabsichtigte Wirkung betrifft. Die meisten Frauen verwenden zwei unterschiedliche Abdeckprodukte, ein leichtes, lichtreflektierendes für Schatten und ein kompakteres für Hautunreinheiten. Schritt-für-Schritt-Anleitungen für die richtige Anwendung beider Arten finden Sie auf S. 78.

Abdecken

Pfirsichfarbene oder leicht gelbliche Abdeckcremes eignen sich am besten für dunkle Augenringe, da sie die blaugraue Färbung aufheben. Rosafarbene Abdeckprodukte wirken hier zu kalt und betonen die grauen Schatten nur noch. Moderne Zusammensetzungen enthalten oft lichtreflektierende Pigmente, die das Licht von der Haut ablenken und überschattete Bereiche »auffüttern«. Achten Sie deshalb darauf, daß Sie auf keinen Fall die Tränensäcke selbst damit betupfen; Sie wollen sie ja nicht noch betonen. Solche Abdeckcremes sind auch bei Pickeln und anderen Hautunreinheiten ungeeignet.

Tragen Sie sehr helle Abdeckcreme nie bis an den unteren Wimpernrand auf, da Ihre Augen sonst vielleicht kleiner wirken. Lassen Sie die Creme schon unterhalb der Wimpern vorsichtig auslaufen.

Nehmen Sie einen flachen Zobelhaarpinsel, um Abdeckcreme über erweiterten und geplatzten Äderchen zu verteilen, und tragen Sie die Creme über und nicht unter Ihrer Foundation auf. Somit brauchen Sie nicht alle Äderchen zu überdecken, sondern lediglich die dann noch sichtbaren.

Haben Sie rote Flecken im Gesicht, schauen Sie nach einer grünstichigen Abdeckcreme. Sie mildert die Rötung, sollte aber sehr sorgfältig und nicht zu dick aufgetragen werden.

Zum Abdecken von Pickeln eignen sich Cremes, Kompaktpuder und Stifte. Sie enthalten einen hohen Pigment- und Puderanteil und sind gutdeckend. Wählen Sie Pickelabdeckungen mit gleichzeitig heilenden Inhaltsstoffen wie Arnika oder Teebaumöl, und tragen Sie sie immer mit einem kleinen Pinsel auf. So können Sie genauer arbeiten. Wichtig ist, den Pinsel regelmäßig zu reinigen.

Foundation

Verwenden Sie eine Foundation, die genau Ihrem Hautton entspricht. Wählen Sie nie einen dunkleren Ton in der Hoffnung, gebräunt und gesünder auszusehen. Bei einer leichten getönten Feuchtigkeitscreme ist dies möglich. Da die meisten Foundations jedoch kompakter sind, würde es zu sehr auffallen. Ein dunklerer Ton wirkt nicht nur unnatürlich, es ist auch so gut wie unmöglich, unauffällige Übergänge zu schaffen.

Passen Sie Ihre Foundation der Jahreszeit an. Was im Winter noch gut ausgesehen hat, kann in den Sommermonaten blaß und gespenstisch wirken.

Experimentieren Sie mit den schillernden Varianten beim Abend-Make-up. Ihr perlmuttartiger Glanz wäre tagsüber zu auffällig, und möglicherweise würden feine Linien und Fältchen am Tag noch hervorgehoben.

Trennen Sie sich von alter Foundation. Wie alle Kosmetika ist sie nur begrenzt haltbar. Sobald Öl und Farbpartikel keine einheitliche Substanz mehr bilden, sollte sie weggeworfen werden.

Achten Sie beim Kauf Ihrer Foundation nicht nur auf den Farbton, sondern auch auf die Deckkraft. Produkte mit leichter Konsistenz sind wunderbar für jugendliche Haut und einen makellosen Teint, für eine stärkere Deckung eignet sich eine Creme oder eine Kompakt-Foundation.

Die Foundation als solche hat sich enorm gewandelt. Aus der zähen, orangefarbenen Masse der Vergangenheit wurde ein moderner Wunderstoff für Ihr Gesicht, der gestreßte Haut unauffällig zum Strahlen bringt. Für die meisten Rezepturen kam der Durchbruch mit der Einführung flüchtiger Silicone. Das sind mikroskopisch kleine Inhaltsstoffe, die moderne Foundation-Produkte leicht verteilbar machen. Ist die Foundation aufgetragen, verflüchtigen sie sich und hinterlassen ein glattes, mattglänzendes Finish.

Wie bei vielen Erfindungen auf dem Make-up-Sektor hat man nur dann seine Freude daran, wenn man damit umzugehen versteht. Daß ein Teil der Inhaltsstoffe sich verflüchtigt, bedeutet, diese Produkte trocknen schneller als ihre öligen Kollegen. Sie haben also weniger Zeit, sie auf der Haut zu verteilen. Schon die Wärme Ihrer Finger kann die Silikone dazu bringen, sich zu verflüchtigen. Nehmen Sie deshalb zum raschen Verteilen ein Schwämmchen. Da das Finish so natürlich wirkt, lohnt es sich, diese Technik einzuüben (s. S. 80).

Die zweite Verbesserung auf dem Foundation-Sektor war die Einführung lichtreflektierender Pigmente. Sie lenken das Licht von der Hautoberfläche ab und lassen sie jünger und glatter erscheinen. Tragen Sie auf einer Gesichtshälfte Foundation auf, und schauen Sie in den Spiegel. Die Foundation läßt müde Haut wieder strahlen und nimmt feinen Linien die Schärfe. Außerdem sieht Ihr Gesicht bei natürlichem wie bei Kunstlicht gleich gut aus. Kleinere, gerundetere Pigmentpartikel lassen die Produkte weniger leicht klumpen und Ihren Teint ebenmäßiger erscheinen.

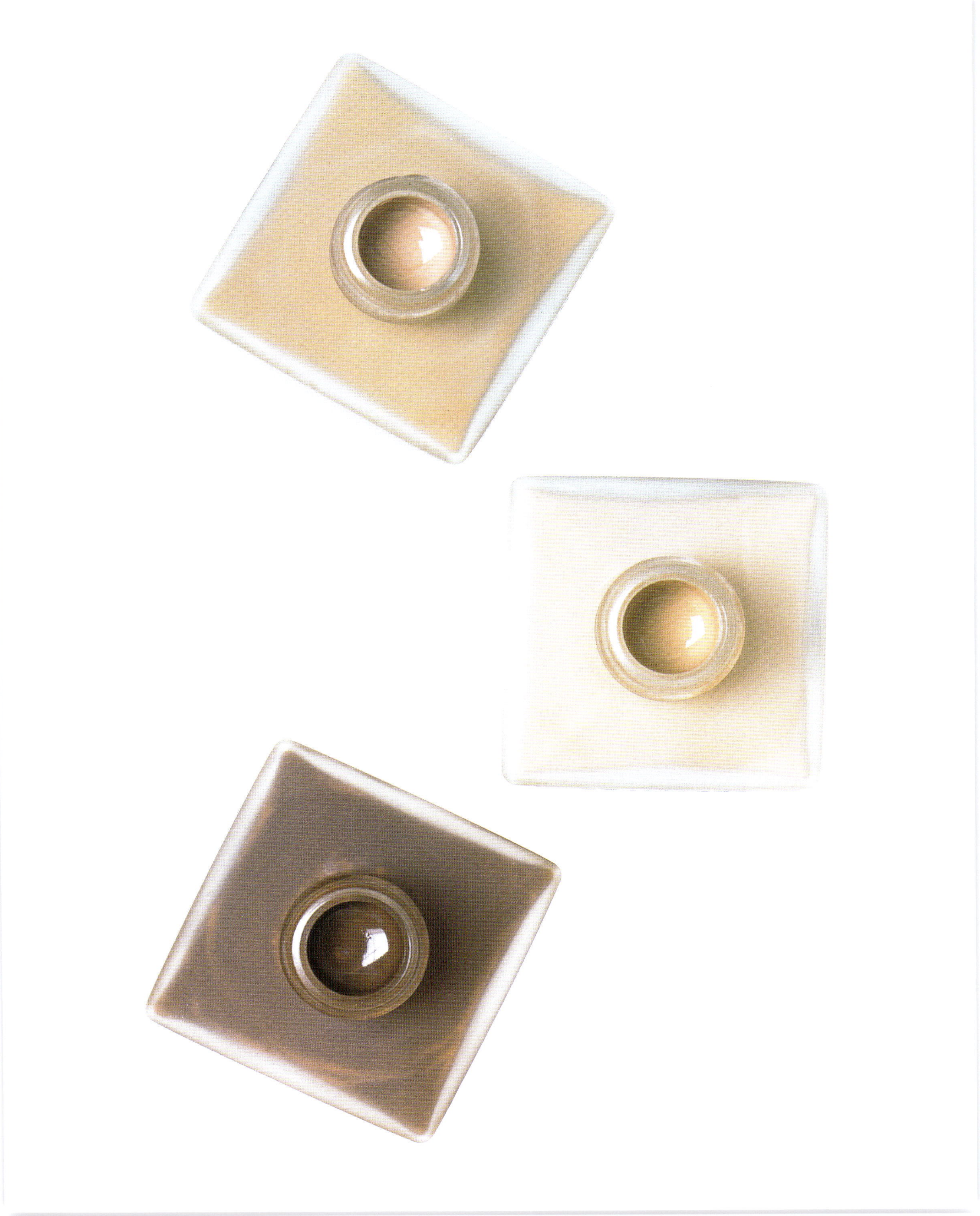

Wie bei der Foundation hat der wissenschaftliche Fortschritt auch die Konsistenz des Puders verändert. Federleichter, loser Puder, wie ihn einst nur Make-up-Profis hatten, gehört heute ganz selbstverständlich in jede Kosmetiktasche. Auch die Farbpalette wurde erweitert. Zu den vielen Rosatönen von einst, den sogenannten Hauttönen, sind ebensoviele Gelb- und Cremetöne gekommen. Profis ziehen diese Töne vor, da die wenigsten Frauen tatsächlich rosafarbene Haut haben und rosa Tönungen graue Schatten noch verstärken können.

Puder kann zwar direkt auf die Haut aufgetragen werden, doch gedacht ist er als Finish, das praktisch unsichtbar über der Foundation liegt und die Haut samtig-matt erscheinen läßt. Wollen Sie ihn direkt auf die Haut auftragen, achten Sie darauf, daß Ihre Feuchtigkeitscreme gut eingezogen ist. Die meisten Puder können auch auf das Augenlid aufgebracht werden, doch dazu sollten Sie einen etwas kleineren Pinsel verwenden.

Loser Puder hat gegenüber Kompaktpuder, der mit einer Puderquaste aufgetragen werden muß, ganz entschiedene Vorteile. Die Quasten nehmen oft zuviel Puder auf, so daß es leicht passieren kann, daß man die vorher sorgfältig aufgetragene Foundation wieder abwischt oder den Puder ungleichmäßig verteilt. Ein weiteres Problem besteht darin, daß man mit der Puderquaste Öle von der Haut und von der Foundation auf die Oberfläche des Kompaktpuders bringt und sie praktisch versiegelt. Danach wieder Puder mit der Quaste abzunehmen ist so gut wie unmöglich. Loser Puder wird mit einem Pinsel aufgenommen, von dem man zuviel Puder abschüttelt, bevor er das Gesicht berührt (s. S. 80).

Tragen Sie, egal welcher Hauttyp Sie sind, tagsüber nicht zuviel Puder auf. Ihr Gesicht könnte maskenhaft wirken, und außerdem kann Puder Ihre Haut austrocknen.

Puder

Füllen Sie für unterwegs ein wenig losen Puder in ein kleines Glas mit Schraubverschluß ab; so brauchen Sie den großen Tiegel nicht mitzunehmen. Ihre Kosmetiktasche ist nicht allzu schwer, und die Gefahr, daß er sich darin verteilt, ist geringer.

Beginnen Sie beim Auftragen von Puder immer in der Mitte des Gesichts, und arbeiten Sie nach außen. So bekommen die glänzenden Partien am meisten ab. Wenn Sie Krähenfüße haben, lassen sie den Bereich um die Augen herum aus, da Puder sie noch betont.

Falls Sie einmal zuviel Puder aufgetragen haben, streichen Sie mit einem sauberen Puderpinsel über das Gesicht, oder nehmen Sie den überschüssigen Puder mit einem Wattebausch ab.

Kaufen Sie einen Puder, der den Ton Ihrer Foundation hat. Widerstehen Sie der Versuchung, einen dunkleren Ton zu nehmen. Wählen Sie eine Foundation, die etwas dunkler ist als Ihr Hautton, und verteilen Sie einen helleren Puder darauf. Das läßt Ihren Teint strahlen und Ihre Haut etwas glatter erscheinen.

Rouge

Rouge zählt zu den Kosmetikprodukten, die ein müdes Gesicht in Sekundenschnelle aufpeppen können, es jung und gesund erstrahlen lassen und wenig ausgeprägte Wangenknochen betonen. Richtig angewandt, ist es so unentbehrlich wie eine Abdeckcreme. Die heutigen Texturen sind einfach in der Anwendung und verschmelzen mit der Grundierung, selbst wenn Sie eine kräftige Farbe gewählt haben. Sollten Sie sich einmal vertan haben, gehen Sie mit etwas durchscheinendem Puder über die Wangen, das schwächt den Ton ab.

Das Schwierigste beim Rouge ist die Wahl der richtigen Konsistenz. Bleiben Sie bei Ihren Produkten bei ein und derselben Art, d.h., auf Gesichtspuder tragen Sie Puder-Rouge auf, auf Foundation nehmen Sie ein Creme-Rouge, und wenn Sie Ihre Haut nur mit Feuchtigkeitscreme behandelt haben, wählen Sie ein Gel. Wie die drei Rouge-Typen am einfachsten anzuwenden sind, erfahren Sie unten.

Sie sollten Ihr Gesicht erst dann mit Rouge modellieren, wenn Sie sicher im Umgang damit sind. Nehmen Sie einen dezenten Ton, der etwas dunkler ist als Ihre Foundation; Rosatöne eignen sich eher zur Betonung der sinnlichen Partien des Gesichts, zum Modellieren sind Naturtöne besser.

Zur Betonung der Wangenknochen und zum Abtönen der darunterliegenden Partien verteilen Sie das etwas dunklere Rouge in nach oben offenen Halbkreisen genau auf den Rand der Wangenhöhle (um die Wangenhöhle zu finden, ziehen Sie die Luft ein; die dabei entstehenden, konkaven Bereiche zeigen, wo die Farbe aufzutragen ist). Die Wirkung wird optimiert, wenn Sie auch auf den äußersten Rand des Jochbeins, direkt unterhalb und neben dem Auge, Rouge verteilen. Immer gut verstreichen, damit es keine harten Konturen gibt, und mit dem Rouge nicht zu weit in die Mitte des Gesichts gehen.

Ein goldener Schimmer auf der Stirn betont diese Partie und läßt sie kindlich gewölbt erscheinen. Tragen Sie dazu lediglich etwas goldfarbenes Rouge oder Puder direkt unter dem Haaransatz auf. Ein Hauch von Gold unter der Nasenspitze hebt auch diese etwas an.

Puder-Rouge Haben Sie die pudrige Farbe mit dem Rouge-Pinsel aufgenommen, fahren Sie damit ein paarmal über Ihren Handrücken, um alles Überschüssige abzustreifen. Arbeiten Sie dann von der Wangenmitte nach außen, weil die meisten pfirsich- oder pinkfarbenen Töne zum Betonen des Jochbeins eingesetzt werden sollten. Führen Sie den Rouge-Pinsel in großen Kreisen über die Wangen.

Creme-Rouge Modernes Creme-Rouge läßt sich so leicht verteilen, daß ein kleiner Klecks genügt. Tragen Sie die Farbe direkt vom Finger aufs Gesicht auf. Gehen Sie nicht zu forsch vor, intensivieren Sie den Ton lieber von Mal zu Mal – dazugeben ist einfacher als wegnehmen. Beginnen Sie über den Wangenknochen, und verreiben Sie die Farbe gut nach unten und außen, damit keine Kontur entsteht.

Gel-Rouge Die neuen Gel-Rouges eignen sich hervorragend, um auf Feuchtigkeitscreme oder auch direkt auf die Haut aufgetragen zu werden. Beginnen Sie in der Wangenmitte, und lassen Sie die Farbe nach außen hin auslaufen, damit sie am Haaransatz nicht mehr allzu kräftig ist. Konzentrieren Sie sich beim Auftragen wirklich auf die Rundung der Wangen, die sogenannten Apfelbäckchen.

SANDFEILE

Eine gute, gepolsterte Sandfeile hat unterschiedliche Oberflächen zum Feilen (grob und fein) und Polieren. Aus Hygienegründen regelmäßig austauschen.

NAGELHAUTSTEIN

Schieben Sie vor dem Auftragen von Nagellack die Nagelhaut mit einem solchen Stein zurück.

NAGELBÜRSTE

Entfernen Sie damit Schmutz unter den Fingernägeln. Die sauberen Finger sind anschließend gut durchblutet.

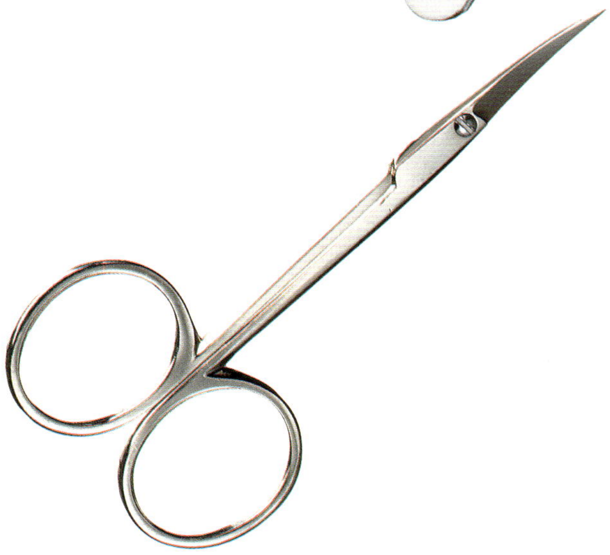

NAGELSCHERE

Eine gebogene Nagelschere bedeutet weniger feilen; außerdem kommt man mit ihr besser in die Nagelecken.

PINZETTE

Pinzetten mit abgeschrägten Enden erleichtern das Brauenzupfen.

DIE WICHTIGSTEN

Utensilien

Das richtige Werkzeug ist wichtig, um perfekte Brauen, Nägel oder Wimpern zu erhalten. Füllen Sie eventuelle Lücken in Ihrer Sammlung mit diesen einfachen und preiswerten Helfern.

PUDERPAPIER

Mit fett-absorbierendem Puderpapier sparen Sie sich an Streßtagen das nochmalige Auftragen von Puder und haben mehr Platz in der Handtasche.

SPITZER

Ein Spitzer hält Ihre Make-up-Stifte in Form. Säubern Sie ihn innen regelmäßig mit Watte, damit Farbrückstände nicht den nächsten Stift verschmutzen.

WIMPERNFORMER

Wimpernformer aus Metall sind besser als aus Plastik. Wenn Sie nicht an den Wimpern zerren, richten Sie keinen Schaden an.

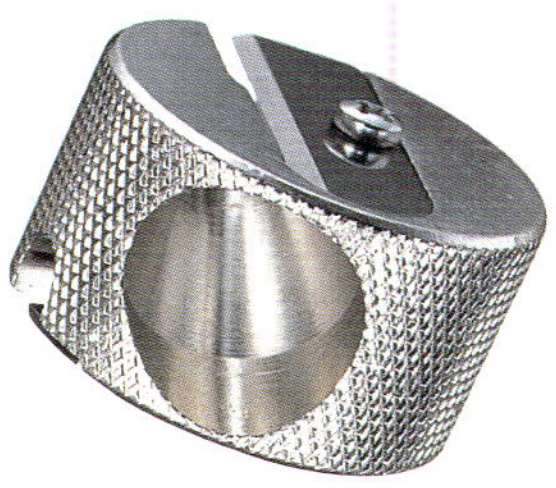

SCHWAMMECKEN

Schaumstoffschwämme eignen sich bestens zum Auftragen von Make-up. Reinigen Sie sie regelmäßig in Reinigungsgel und Wasser.

SCHÖNE Brauen

Clevere Alternativen zum Brauenzupfen

- Wenn Sie Ihre Brauen mit einer Brauenbürste mit eng stehenden Borsten bearbeiten, erscheint die Form klarer. Es gibt Make-up-Profis, die eine Zahnbürste mit dicht nebeneinander stehenden Borsten dazu verwenden.
- Ein glänzendes Finish erreichen Sie, wenn Sie etwas Brauengel oder Vaseline auf die Bürste geben. Bürsten Sie die Brauen immer leicht nach oben und dann erst in Wuchsrichtung, so zähmen Sie auch widerspenstige Härchen.
- Damit die Brauen in Form bleiben, können Sie etwas Haarspray auf die Bürste sprühen; das ergibt ein wirklich sauberes Finish.

Augenbrauen prägen unser Gesicht in ganz entscheidendem Maß. Sie rahmen die Augen ein und sind bestimmend für die horizontale Dreiteilung des Gesichts in Stirn, Wangen- und Mundpartie. Gepflegte Augenbrauen können unsere Erscheinung drastisch verändern, weshalb ihre Pflege auf unserer Schönheitsliste ganz oben stehen sollte.

Wenn Sie sich zu Hause die Augenbrauen zupfen, sollten Sie keine radikale Veränderung der Form, sondern lediglich eine leichte Korrektur vornehmen. Widerstehen Sie der Versuchung, zuviel zu zupfen; Ihre Brauen könnten vielleicht nicht mehr richtig nachwachsen. Wenn Sie das eine oder andere verirrte Haar über den Brauen zupfen, ist nichts dagegen einzuwenden, doch die meisten Kosmetikerinnen empfehlen, sich auf die Härchen am unteren Brauenrand zu beschränken.

Vergessen Sie nie, daß Ihr Ziel beim Brauenzupfen das optische Vergrößern der Augenzone ist. Wenn Sie am unteren Brauenrand zupfen, vergrößert das den Raum zwischen Braue und Auge, läßt das Auge selbst größer erscheinen und betont den Brauenknochen. Vorsichtiges Lichten über der Nasenwurzel kann ebenfalls nicht schaden. Verlagern Sie aber den Ansatzpunkt der Brauen nicht zu weit zur Seite. Dadurch wirkt Ihr Nasenrücken breiter.

Falls Sie sehr schmerzempfindlich sind, vereisen Sie den Brauenbereich mit einem Eiswürfel, bevor Sie sich ans Werk machen. Sie können auch den Rat von Spitzenkosmetikerinnen befolgen, die ein wenig Nelkenöl oder Baby-Zahngel empfehlen, um den Schmerz zu betäuben. Um zu prüfen, ob das eine oder andere Haar tatsächlich weg muß, fassen Sie es mit der Pinzette, und halten Sie es von der Braue weg, bevor Sie es herausziehen.

DER RICHTIGE BRAUENSTIFT

Früher gab es Augenbrauenstifte lediglich in zwei Farben: dunkelbraun und schwarz, und beide waren für die meisten Frauen zu dunkel. Dunkle Farben können die Brauen unecht wirken lassen, was für ein aufwendigeres Abend-Make-up in Ordnung ist, am Tag allerdings zu künstlich wirken würde. Meist sind die Augenbrauen etwas heller als das Haar. Viele Kosmetikfirmen bieten deshalb eine gute Auswahl an beigen und hellbraunen Tönen an. Einige Firmen haben sogar ganz hellbeige Stifte für blonde Frauen im Programm.

Versuchen Sie nicht, statt eines Brauenstifts einen Eyeliner-Pinsel zu nehmen. Sie sind weich und geschmeidig und somit ideal für das empfindliche Augenlid. Brauenstifte dagegen müssen relativ hart sein und dürfen nicht schmieren. Ein Augenbrauenstift wirkt dann am besten, wenn Sie kurze, diagonale Striche in Wuchsrichtung der Brauen ziehen. Stricheln Sie nicht die gesamte Braue nach, sondern konzentrieren Sie sich auf die Bereiche, wo die Härchen nicht so dicht stehen.

TIPS

Brauen-zupfen

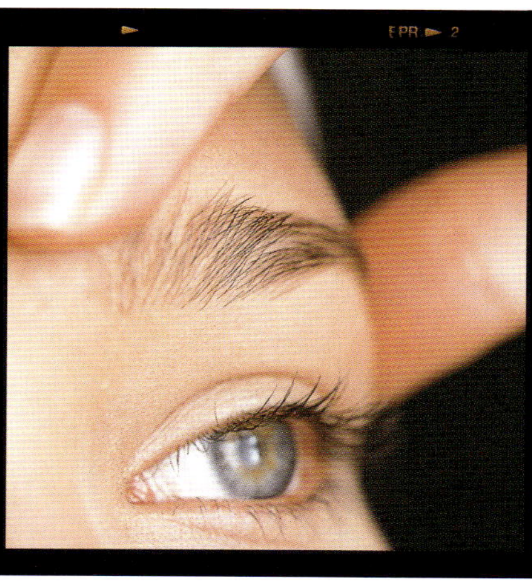

Die Brauen rahmen das Gesicht ein. Sorgen Sie deshalb dafür, daß sie stets gepflegt aussehen

1 Säubern Sie die Brauenregion sorgfältig, indem Sie entgegen der Wuchsrichtung Reinigungslotion in die Brauen reiben. Falls Sie sehr schmerzempfindlich sind, pressen Sie danach ein paar Sekunden lang einen Eiswürfel auf die Stelle, an der Sie zupfen wollen.

2 Spannen Sie die Haut in der Brauenregion zwischen Daumen und Zeigefinger Ihrer freien Hand. So spüren Sie am wenigsten, und die Haut wird beim Zupfen nicht mit dem Haar hochgezogen.

TIPS

Brauen-betonen

Sind Sie mit der Form zufrieden, betonen Sie die Brauen noch mit Lidschatten oder Mascara.

1 Die meisten Frauen betonen die Augenbrauen mit einem Brauenstift. Er sollte einen Ton heller sein als Ihr Haar, und vergewissern Sie sich, daß er auch spitz ist. Fahren Sie mit kurzen, diagonal nach oben gerichteten Strichen die Braue entlang.

GEHEIMNISSE DER Profi-Klasse

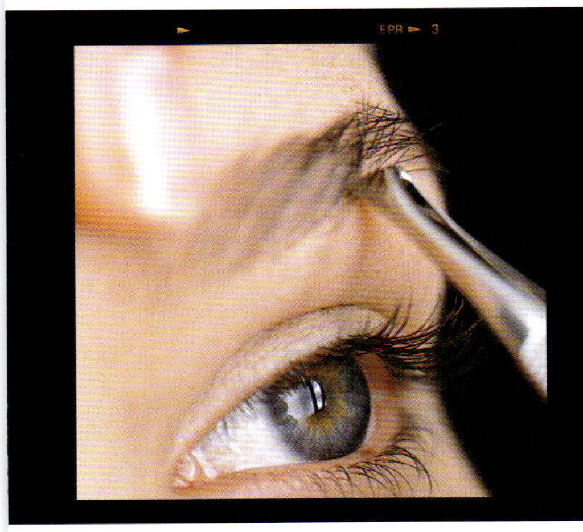

3 Fassen Sie das Haar, das Sie auszupfen wollen, mit einer sauberen Pinzette, und halten Sie es etwas von der Braue weg. So können Sie noch einmal prüfen, ob es wirklich stört, bevor Sie es tatsächlich entfernen.

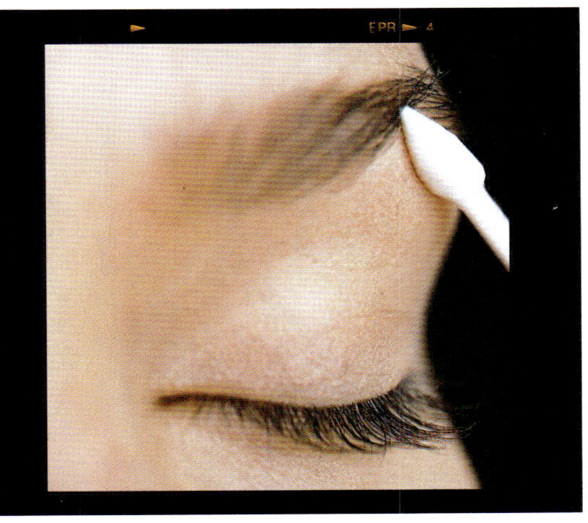

4 Entspricht die Brauenform Ihrer Vorstellung, betupfen Sie den gesamten Bereich mit einem Wattestäbchen, das Sie in ein Gesichtswasser auf Alkoholbasis oder in Hamamelisöl getaucht haben, damit keine Bakterien in die offenen Stellen eindringen können.

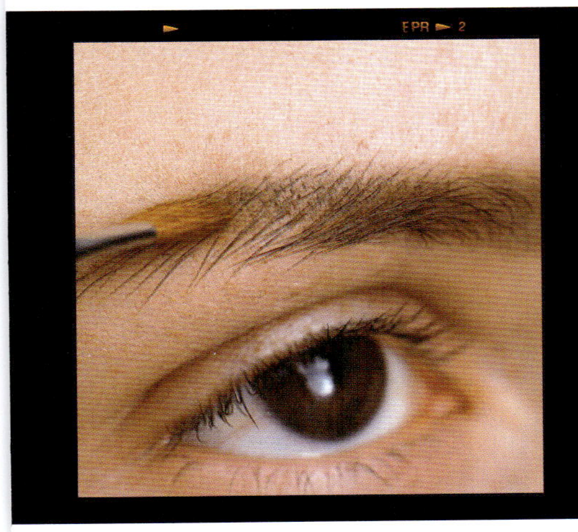

2 Lidschatten eignet sich hervorragend zum Betonen der Brauen, vorausgesetzt Sie wählen eine zarte Farbe. Bürsten Sie die Brauenhaare nach unten, und fahren Sie mit einem schmalen Pinsel den Brauenknochen entlang. Bürsten Sie die Haare wieder hoch.

3 Wenn Sie von Natur aus dunkle Brauen haben, können Sie sie mit brauner, wasserfester Mascara betonen. Bürsten Sie die Härchen von der Haut weg, und tragen Sie dann die Mascara auf. Einige Sekunden trocknen lassen und durchbürsten.

Pinsel-
STRICHE

Wie Sie den richtigen Make-up-Pinsel finden

- Die meisten Pinsel haben entweder Naturborsten oder synthetische Borsten. Auch wenn die synthetischen Pinsel heute sehr gut sind, gelten Naturborsten immer noch als die besten. Bei den meisten Profis steht Zobelhaar an erster Stelle.
- Vergewissern Sie sich bei jedem Pinsel, daß er beim Gebrauch auch nicht zu viele Haare verliert, indem Sie damit ein paarmal rasch über Ihren Handrücken streichen.
- Prüfen Sie, ob die Borsten dicht nebeneinander stehen. Bei billigeren Pinseln stehen sie oft weiter auseinander und sind dementsprechend weniger.

Obwohl viele Profis Kosmetika mit den Fingern auftragen, wird die Durchschnittsfrau ein wirklich gekonntes Make-up am besten mit speziellen Pinseln erreichen. Selbst Make-up-Minimalistinnen sollten ein paar Pinsel in ihrer Kosmetiktasche haben.

Dafür gibt es zwei gute Gründe: Erstens sind Make-up-Pinsel so geformt, daß sie nahtlose Übergänge schaffen, der Schlüssel für jedes gute Make-up. Mit den Fingerspitzen läßt sich einfach kein sauberes Finish erreichen. Nicht nur, daß sie Öle von der Haut auf die Kosmetika übertragen, die dadurch fleckig werden können, sie hinterlassen auch Öl auf Rouge und Lidschatten, versiegeln diese Zonen praktisch, so daß kein Puder mehr darauf haftet, auch nicht, wenn er mit dem Pinsel aufgetragen wird. Zweitens können Sie mit einem Pinsel viel genauer die Puder-, Rouge- oder Lidschattenmenge dosieren, die Sie aus den jeweiligen Gefäßen auf die Haut bringen. Machen Sie es wie die Profis, und streichen Sie mit dem Pinsel über Ihre Handfläche. Überschüssiger Puder fällt ab, und Sie können vorsichtig antesten, wie der Ton zu Ihrer Haut paßt – er wirkt sicherlich etwas anders als im Tiegel.

Pinsel sind also das Geheimnis eines gut geschminkten Gesichts, doch welche sind die besten? Kurze Stummelpinsel mögen zwar witzig aussehen, doch zum Auftragen von Make-up sind langstielige Pinsel wesentlich besser geeignet, da der Stiel als Gegengewicht fungiert und den Pinsel sicherer führen läßt. Ein Stiel mittlerer Stärke liegt meist gut in der Hand, so daß Sie präzise arbeiten können. Pinsel mit kurzem, dickem Stiel dagegen lassen sich weniger gut führen.

EINE GUTE INVESTITION?

Geld für einen guten Satz Pinsel auszugeben ist keine Verschwendung. Ein guter Lidschatten kostet etwa halb soviel wie ein guter Pinsel, doch den Pinsel haben Sie wesentlich länger. Und wer schon einmal die Schwämmchen-Applikatoren ausprobiert hat, die manchen Lidschatten beiliegen, weiß, daß sie unflexibel sind und man unmöglich präzise damit arbeiten kann. Gönnen Sie sich ab und zu einen neuen Pinsel, dann haben Sie bald alles zusammen, was Sie brauchen. Ansonsten empfehlen wir ein von einem Profi zusammengestelltes Set.

Haben Sie sich in die Ausgaben gestürzt und ein paar anständige Pinsel erworben, ist es wichtig, daß Sie sie auch gut pflegen. Sie sauberzuhalten ist nicht nur vom hygienischen Standpunkt aus zu empfehlen; mit sauberen Pinseln läßt sich auch besser arbeiten. An einem Lidschattenpinsel beispielsweise haftet nach jedem Gebrauch ein Rest Farbe. Wenn Sie ihn nicht gründlich reinigen, wirkt jeder Farbton schmutzig.

EYELINER

Ein kleiner, fester und flacher Pinsel eignet sich am besten zum Auftragen von Lidschatten als Eyeliner entlang des Wimpernansatzes und am unteren Augenrand. Bei diesen Pinseln müssen die Borsten besonders dicht stehen, damit Sie die Farbe präzise auftragen können. Sie dürfen nicht abknicken.

ROUGEPINSEL

Ein Rougepinsel sollte nicht zu dick sein. Mit dicken Pinseln verteilen Sie das Rouge in einem Zug von den Wangen bis zum Auge. Wählen Sie einen kuppelförmigen Pinsel von etwa 3 cm Durchmesser. Bei ihm bleibt die meiste Farbe in der Mitte des Pinsels haften, und es gibt keine harten Ränder.

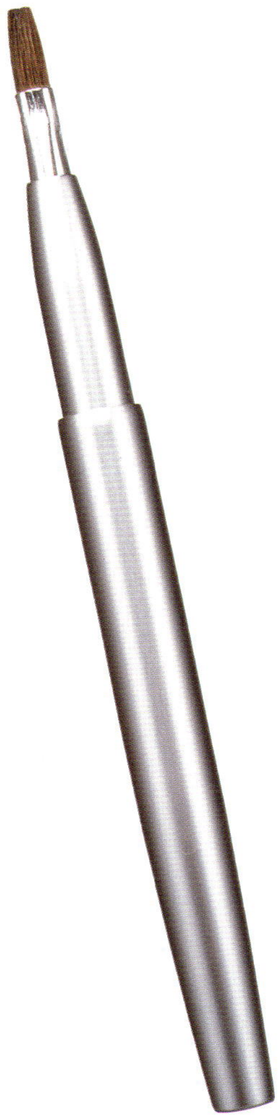

KONTURENPINSEL

Auch wenn der Trend in jüngster Zeit zu Brillant-Lippenstiften ohne klare Konturen geht, kann ein guter Lippenkonturenpinsel Ihren Mund modellieren und dafür sorgen, daß die Farbe nicht über die Ränder hinausläuft. Nehmen Sie einen Pinsel mit festen Borsten, die vorn spitz zulaufen.

WIMPERNKAMM

Wimpernkämme aus Plastik und Kunstfaser sind zwar überall erhältlich, doch in der Regel kämmen sie nicht, sondern bürsten nur die aufgetragene Mascara wieder ab. Metallkämme schieben sich zwischen die Härchen, trennen sie und sorgen dafür, daß die Mascara gleichmäßig verteilt wird.

DIE WICHTIGSTEN

Utensilien

Zur kosmetischen Grundausstattung gehören fünf oder sechs gute Pinsel. Ob Sie Augen, Lippen, Wangen oder Brauen betonen, die besten Ergebnisse erzielen Sie mit dem richtigen Pinsel.

PUDERPINSEL

Puderquasten sind für das Abend-Make-up geeignet, tagsüber läßt sich der Puder mit einem Pinsel besser dosieren. Nehmen Sie lieber einen mittelgroßen Pinsel, statt einen der ganz großen. Die Borsten sollten mittelhart sein. Sind sie zu weich, läßt sich überschüssiger Puder schlecht damit entfernen.

LIDSCHATTENPINSEL

Zur idealen Pinselsammlung gehört mindestens ein Lidschatten-Pinsel, der etwa 1 cm breit sein sollte. Mit einem leicht abgerundeten Pinsel läßt sich die Farbe gut auftragen.

BRAUENBÜRSTE

Augenbrauenbürsten brauchen feste Borsten zum Pflegen und Kämmen der kurzen Brauenhaare. Eine weiche Bürste gleitet lediglich darüber weg.

TIPS

Pickel abdecken

Kaschieren Sie Hautunreinheiten mit einer Abdeckcreme, bevor Sie Foundation auftragen.

1 Bereiten Sie die Stelle zum Auftragen des Abdeckmittels vor, indem Sie sie reinigen und trockentupfen. Schälen oder rubbeln Sie trockene Hautschuppen ab, und vergewissern Sie sich, daß die Stelle fettfrei ist. Dann haftet das Abdeckmittel am besten.

2 Nehmen Sie mit einem kleinen, flachen Pinsel etwas Abdeckcreme auf; überschüssige Creme auf dem sauberen Handrücken abstreifen. Tupfen Sie die Abdeckcreme auf den Pickel, säubern Sie den Pinsel mit einem Papiertuch, und verstreichen Sie die Creme auf der Haut.

TIPS

Augenringe abdecken

Um dunkle Ringe unter den Augen zu verdecken, brauchen Sie eine ruhige Hand und Übung.

1 Tupfen Sie knapp unter der Augenhöhle Abdeckcreme von der Nasenwurzel bis zur Mitte des Auges. Verstreichen Sie sie leicht, wobei Sie die äußere Augenpartie auslassen, da die Abdeckcreme sich hier in Krähenfüßen absetzen könnte.

GEHEIMNISSE DER Profi-Klasse

Tupfen Sie Ihre Foundation mit einem Schwämmchen auf die Stelle. Die natürlichen Öle an Ihren Fingerspitzen könnten die Abdeckcreme wieder lösen. Sieht man den Pickel noch, tragen Sie eine zweite Schicht Abdeckcreme auf.

Fixieren Sie zum Schluß Ihre Foundation mit einem leichten, transparenten Puder. Widerstehen Sie der Versuchung, mit den Fingern über die Stelle zu streichen; das würde Ihre ganze Arbeit zunichte machen.

Tragen Sie nun mit einem Schwamm Foundation auf, und zwar bis unter die Wimpern. Schauen Sie dabei nach oben in den Spiegel, damit eventuelle Fältchen glattgezogen werden und die Foundation besser deckt.

Nehmen Sie jetzt Ihren Puderpinsel. Das noch an den Borsten Haftende genügt, um eine extrafeine Schicht Puder aufzutragen. Sie versiegelt die abgedeckte Stelle, ohne daß diese trocken oder rauh aussieht.

TIPS
Foundation auftragen

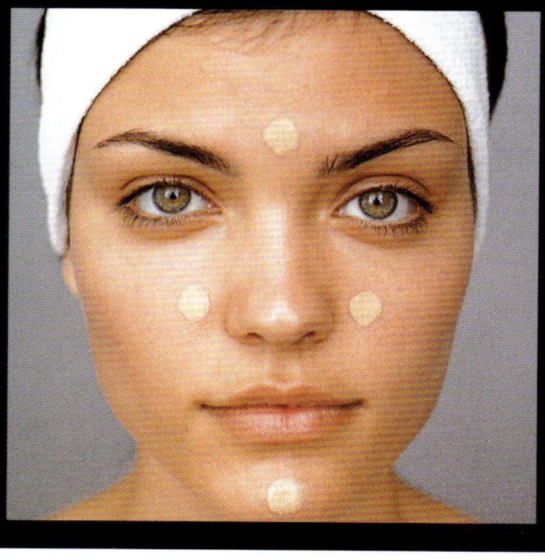

Das Geheimnis einer gleichmäßigen Foundation liegt in der Art, wie sie aufgetragen wird.

1 Schaffen Sie eine ebenmäßige Grundlage für Ihre Foundation, indem Sie auf das gesamte Gesicht und den Hals sorgfältig Feuchtigkeitscreme oder Teintgrundierung auftragen. Einige Minuten einwirken lassen.

2 Tupfen Sie die Foundation auf, und konzentrieren Sie sich dabei auf die Mitte des Gesichts, wo die stärkste Abdeckung nötig ist. Außerdem ist es dann leichter, außen nahtlose Übergänge zu schaffen.

TIPS
Puder auftragen

Weniger ist mehr – diese goldene Regel gilt ganz besonders für Puder.

1 Nehmen Sie mit Ihrem Puderpinsel losen Puder auf, und klopfen Sie ihn am Handrücken einige Male aus, damit nicht zuviel Puder am Pinsel haftet, wenn er mit dem Gesicht in Berührung kommt.

GEHEIMNISSE DER

Profi-Klasse

Verstreichen Sie die Foundation mit einem Schwamm von innen nach außen. Vergessen Sie die Außenseiten der Nasenlöcher nicht, und machen Sie vor den Ohren nicht abrupt halt.

Für ein jugendliches Aussehen und einen hellwachen Blick tragen Sie mit den Fingerspitzen einen etwas helleren Foundation-Ton unter den Augen auf. Auf dunkler Haut ist das besonders wirkungsvoll, nur darf der Farbunterschied auf keinen Fall zu groß sein.

2 Beginnen Sie mit dem Auftragen mit lockerer Hand in der Mitte des Gesichts, und arbeiten Sie sich dann nach außen vor. Den Bereich um die Nasenlöcher herum nicht vergessen. Auch die Augenlider und Ohrläppchen erhalten einen Hauch Puder.

3 Aufhellender Puder ist – sparsam aufgetragen – bestens für das große Abend-Make-up geeignet. Überschüssigen Puder unbedingt abklopfen, bevor Sie etwas davon auf Wangenknochen, Schulter, Schlüsselbein und Dekolleté verteilen.

Finger
NÄGEL

In drei Schritten zu schönen Nägeln

- Bevor Sie Lack auftragen, reiben Sie Ihre Nägel mit Nagellackentferner ab. Er entfernt Öle und sorgt dafür, daß der Lack besser hält.
- Damit Ihre Nägel schmaler aussehen, tragen Sie dunklen Lack so auf, daß die Nagelränder seitlich frei bleiben. Die optische Täuschung ist perfekt.
- Anstatt den Lack wieder zu entfernen, wenn etwas danebengegangen ist, leisten Sie sich einen Korrekturstift. Damit können Sie nach dem Lackieren die Nagelränder säubern und Lacktropfen entfernen.

Wie Ihr Gesicht brauchen auch Ihre Hände Pflege. Da Nägel bei der Beurteilung des Äußeren in den Blickpunkt gerückt sind, bildet die Nagelpflege einen wichtigen Teil der Schönheitspflege. Machen Sie Ihre Hände zu einem Mittel der Selbstdarstellung – mit einem einzigen Pinselstrich können sie einen dramatischen dunklen Farbakzent setzen und eine unauffällige, moderne French Manicure verändern. Probieren Sie aus, was immer Ihnen Spaß macht.

Ihre Hände sind sämtlichen Umwelteinflüssen ausgeliefert, und sie verraten das Alter schneller als ein gut gepflegtes Gesicht. Der uralte Rat, beim Geschirrspülen Gummihandschuhe zu tragen, gilt noch heute. Heißes Wasser läßt die natürlichen Öle in den Nägeln austrocknen, sie werden spröde und brechen ab, bevor sie die gewünschte Länge erreicht haben. Die Detergenzien in Spülmitteln haben denselben Effekt und trocknen auch noch Ihre Haut aus. Tragen Sie Sonnencreme auf die Hände auf, auch wenn Sie nur zur Arbeit gehen, und gönnen Sie ihnen Pflegecremes zum Schutz vor Falten und Altersflecken.

Achten Sie darauf, daß Sie Nägel und Haut eincremen. Sie brauchen keine teuren Produkte zu kaufen, wenn Sie etwas für Ihre Hände tun wollen – Mandelöl zum Beispiel glättet und pflegt nicht nur die Hände, sondern auch die Nägel. Achten Sie auch darauf, was Sie essen. Fehlen der Nahrung Vitamine, vor allem solche auf Ölbasis wie E und A, können glanzlose, trockene Nägel die Folge sein.

NATÜRLICHE NAGELPFLEGE

Wenn Sie Ihre Nägel ständig lackieren, kann sich das negativ auf deren Zustand auswirken. Wie Haut und Haar brauchen auch die Nägel gelegentlich eine Pause, deshalb gönnen Sie Ihnen ab und zu ein freies Wochenende. Wenn Ihnen Natur pur bei Ihren Nägeln gar nicht gefällt, können Sie sie ohne Chemie jederzeit mit einem Nagelpolierer zum Glänzen bringen.

Verwenden Sie nach Möglichkeit milde Produkte zur Nagelpflege. Ein acetonfreier Nagellackentferner setzt den Nägeln weniger zu und trocknet sie auch nicht so sehr aus. Inzwischen sind auch mehr toluolfreie Nagellacke im Handel; fragen Sie danach. Toluol war einer der wichtigsten Bestandteile vieler Nagellacke. Da der Stoff jedoch ziemlich aggressiv ist, haben viele Hersteller sanftere Rezepturen entwickelt, die besonders bei trockenen, spröden Nägeln gut sind und auch der Nagelhaut nicht schaden.

Nägel sollten alle sieben bis zehn Tage gefeilt und neu in Form gebracht werden, damit sie nicht brechen oder absplittern. Nehmen Sie dazu eine nicht zu grobe Sandfeile, und feilen Sie immer nur in eine Richtung, nie vor und zurück. Weitere Tips zur Nagelpflege finden Sie auf S. 84.

TIPS
Minuten-Maniküre

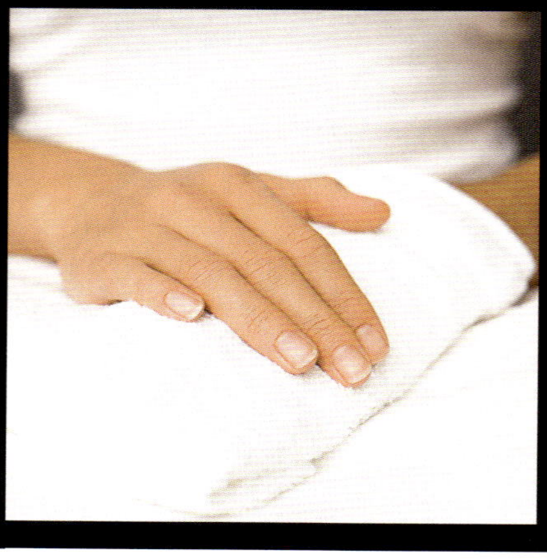

Gönnen Sie sich regelmäßig eine Maniküre, damit Ihre Nägel kräftig und gesund bleiben.

1 Reiben Sie Ihre frischgewaschenen Hände mit Mandelöl oder Ihrer Handcreme ein. Wickeln Sie dann die Hände in ein warmes Handtuch, und entspannen Sie eine Viertelstunde lang. Die Wirkung ist noch besser, wenn Sie Frischhaltefolie um Ihre Hände legen, bevor Sie sie in das Handtuch wickeln.

2 Wickeln Sie Ihre Hände aus, und schieben Sie vorsichtig die Nagelhaut zurück; das Öl hat sie aufgeweicht. Nehmen Sie dazu lieber ein Manikürstäbchen oder einen Nagelhautstein statt einen Nagelhautzwicker. Sie können damit die Haut verletzen, und es kann zu einer Infektion kommen.

TIPS
French Manicure

Für diesen modernen Klassiker bedarf es nur einiger einfacher Pinselstriche.

1 Feilen Sie Ihre Nägel zuerst in Form – eine French Manicure sieht an einem relativ geraden Nagel am besten aus; lassen Sie die Mitte deshalb nicht spitz zulaufen. Haben Ihre Nägel die gewünschte Form, tragen Sie einen Unterlack auf.

GEHEIMNISSE DER

Profi-Klasse

3 Feilen Sie nun Ihre Nägel. Ziehen Sie die Feile gleichmäßig und immer nur in eine Richtung am Nagel entlang und nicht hin und her wie eine Säge. Metallfeilen sind weniger geeignet, da sie die Nägel beschädigen können, wenn sie nicht professionell gehandhabt werden. Nehmen Sie lieber eine feine Sandfeile, die leicht gleitet.

4 Wollen Sie ein glänzendes Finish, haben aber keine Zeit, Nagellack aufzutragen, nehmen Sie einfach einen Nagelpolierer. Er bringt natürlichen Glanz.

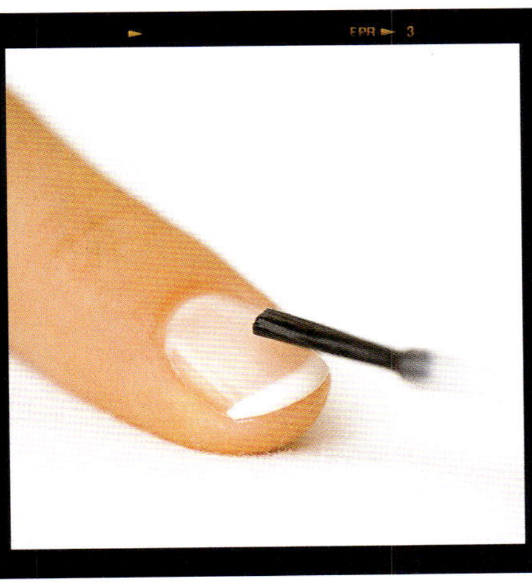

2 Das Schwierigste an einer French Manicure ist die Betonung des weißen Nagelrandes. Legen Sie eine Hand vor sich auf eine flache Unterlage. Stützen Sie den Ballen der anderen Hand auf derselben Unterlage auf. Ziehen Sie die Pinselspitze gerade über den Nagel.

3 Zum Schluß tragen Sie noch eine Schicht durchscheinenden, rosagetönten Nagellack auf, das versiegelt die weißen Spitzen und macht das Ganze erst komplett. Für eine modernere Version der French Manicure nehmen Sie einen transparenten, beigen Lack.

Bräune
OHNE SONNE

Daß die Sonne der Gesundheit schaden kann, ist allgemein bekannt. Sie schädigt die Haut, beschleunigt den Alterungsprozeß und kann Hautkrebs hervorrufen. Trotzdem setzen wir sonnengebräunte Haut immer noch mit Vitalität, Gesundheit und Sinnlichkeit gleich. Mit Sonnenbräune fühlen wir uns gut und sehen besser aus – zumindest glauben wir das. Bräune läßt unsere Augen strahlen, unsere Zähne weißer und unseren Teint weniger fleckig wirken. Sie scheint sogar die gefürchtete Cellulitis an den Oberschenkeln zu verbergen. Doch es geht auch ohne Sonne. Selbstbräuner wurden inzwischen soweit verbessert, daß Bräune aus der Tube so gut wie echte aussieht. Allerdings hat sie sämtliche psychologischen Vorteile ohne die gefährlichen Nebenwirkungen.

WAS SIND SELBSTBRÄUNER?

Dihydroxyaceton oder DHA ist der wichtigste Bestandteil der meisten Selbstbräuner. DHA ist ein aus Trauben gewonnener natürlicher Zucker, der sich mit Proteinen an der Hautoberfläche verbindet und eine Farbveränderung bewirkt. Je mehr DHA ein Produkt enthält, desto stärker die Farbveränderung. Da der chemische Stoff jedoch nicht in die unteren Hautschichten eindringen kann, ist es selbst bei empfindlicher Haut unwahrscheinlich, daß er allergische Reaktionen hervorruft.

Wie lange es dauert, bis die »falsche« Bräune auf der Haut erscheint, ist von Produkt zu Produkt verschieden, doch gibt es neuere Rezepturen, bei denen nach nur 20 Minuten ein goldener Schimmer die Haut überzieht, der dann drei Tage bis eine Woche hält. Erkundigen Sie sich nach Marken, die unterschiedliche Bräunungsstärken anbieten, damit Sie mit der schwächsten beginnen können. Schauen Sie, wie das Produkt auf Ihrer Haut reagiert, und bauen Sie die Bräune dann, wenn Sie wollen, nach und nach weiter auf. Auf diese Art sehen Sie nicht aus, als seien Sie über Nacht auf einer zweiwöchigen Urlaubsreise gewesen.

DIE RICHTIGE ANWENDUNG

Mit Selbstbräunern rasch und effektiv braun zu werden ist nicht schwer.

Gesicht Reinigen Sie Ihr Gesicht sorgfältig und achten Sie darauf, daß von der Reinigungslotion nichts zurückbleibt. Wollen Sie die Haut noch mit einer Feuchtigkeitspflege behandeln, tun Sie dies sparsam, und warten Sie, bis das Produkt in die Haut eingezogen ist. Obwohl Selbstbräuner häufig vor dem Zubettgehen aufgetragen werden, empfehlen Experten, Selbstbräuner fürs Gesicht morgens aufzutragen. So können sie nicht am Kissen haftenbleiben und werden gleichmäßiger von der Haut aufgenommen.

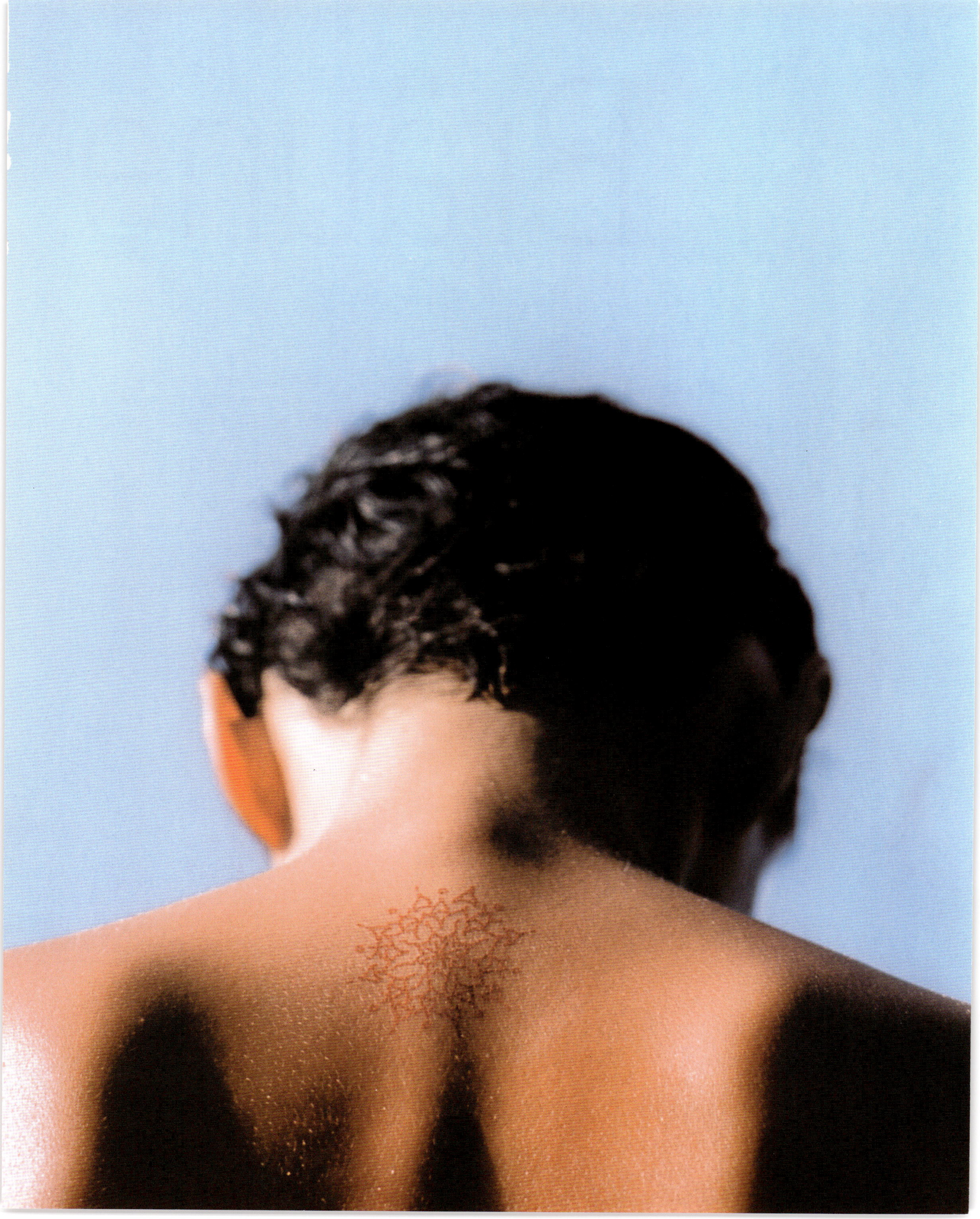

Körper Peelen Sie Ihren Körper, bevor Sie Selbstbräuner auftragen, und seien Sie besonders sorgfältig an Stellen, die zu trockener Haut neigen, wie Knöchel, Knie und Ellbogen. Falls Sie trockene Haut haben, tragen Sie eine Feuchtigkeitslotion auf. Warten Sie, bis diese vollständig in die Haut eingezogen ist, bevor Sie den Selbstbräuner auftragen.

Hände Waschen Sie sich, nachdem Sie Selbstbräuner aufgetragen haben, sorgfältig die Hände, damit Sie keine dunklen Handflächen zurückbehalten. Danach müssen die Handrücken aber wieder mit Selbstbräuner behandelt werden. Am besten streichen Sie mit den sauberen Handrücken Ihre frisch eingeriebenen Beine entlang; was dabei haftenbleibt, genügt.

Füße Damit auch Ihre Füße natürlich gebräunt aussehen, tragen Sie die Farbe nur auf dem Fußrücken auf. Nehmen Sie dann einen mit Feuchtigkeitslotion getränkten Wattebausch, und tupfen Sie vorsichtig über den unteren Rand der Füße, damit die Tönung nach unten hin schwächer wird und natürlich aussieht.

Selbstbräuner sind zwar der sicherste Weg zu einer goldbraunen Haut, doch nicht alle gewähren Schutz vor den schädlichen Strahlen der Sonne. Falls Ihr Selbstbräuner also keinen ausreichenden Sonnenschutz bietet, tragen Sie darüber noch ein Sonnenschutzmittel auf.

KURZZEITIGE LÖSUNGEN

Mit getönten Gels und Cremes, die ihre Wirkung sofort zeigen, aber wieder abwaschbar sind, können Sie eine noch kurzzeitigere Bräune erreichen. Die Tönung ist beim Auftragen zu erkennen, es gibt also kein banges Warten, und wenn Ihnen das Ergebnis nicht gefällt, waschen Sie die Farbe einfach wieder ab. Beginnen Sie auch hier vorsichtig, und tragen Sie wenig Gel oder Creme auf eine große Fläche auf. Soll die Tönung intensiver werden, tragen Sie eine weitere Schicht auf. Getönte Gels entfalten Ihre Wirkung am besten auf einer mit Feuchtigkeit versorgten Haut; bei trockener Haut kann das Ergebnis fleckig wirken. Aus demselben Grund müssen auch trockene Hautschuppen vorher abgebürstet werden. Damit Ihr Gesicht natürlich aussieht, verstärken Sie den Ton auf den Wangenknochen, der Stirn und dem Nasenrücken. Da diese vorstehen, bekommen sie auch von Natur aus mehr Sonne ab.

Getönte Tagescreme sollte in keiner sommerlichen Kosmetiktasche fehlen. Da sie vor allem im Sommer benutzt werden, enthalten die meisten Feuchtigkeitscremes dieser Art einen Lichtschutzfaktor. Einen jugendlich strahlenden Teint bekommen Sie, wenn Sie etwas getönte Tagescreme oben auf die Stirn auftragen, gleich unterhalb des Haaransatzes. Verteilen Sie dann etwas von der Creme mit den Fingerspitzen von der Nasenwurzel über die Wangenknochen zu den Schläfen.

TIP Haben Sie zuviel getönte Tagescreme oder Selbstbräuner aufgetragen, reiben Sie die betreffende Stelle rasch mit Ihrer gewöhnlichen Feuchtigkeitslotion ab.

Farbe

NATÜRLICH dezent

Egal, ob Sie ein großer Make-up-Fan sind oder nicht, sicher haben Sie einige Lidschatten- und Lippenstiftfarben, die Sie kennen und mögen. Mit diesen Farben können Sie experimentieren und kreativ sein, Ihr Make-up Ihrer Stimmung anpassen und einer perfekten Grundierung den letzten Schliff geben.

Wahrscheinlich sind ein Großteil Ihrer Lieblingsfarben dezente Töne. Sie sind als Grundausstattung ideal – sie sind verläßlich, benutzerfreundlich und werden fast nie unmodern. Auch wenn jedes Jahr andere schrille, neue Farben in sind, greifen wir doch beim täglichen Schminken meist zu unseren bewährten dezenten Tönen.

Sie sollten als Verstärker dessen angesehen werden, was die Natur uns mitgegeben hat. Wählen Sie deshalb Töne in Ihrer natürlichen Haut- und Haarfarbe. Schokoladenbraun sieht an einer blonden, hellhäutigen Frau gewiß nicht dezent aus, ebenso wenig wie pastellrosa bei einem dunkleren Teint. (Ausführlichere Farbtips für Ihren Hauttyp finden Sie auf S. 94.) Schauen Sie sich als nächstes die Farbe Ihrer Augen an, und falls Sie eine Schublade voll dezenter Lidschatten haben, versuchen Sie, sich auf einige wenige Töne zu beschränken. Tragen Sie einen nach dem anderen auf, und prüfen Sie, welcher am besten aussieht. Schlecht gewählte dezente Töne können flach wirken und Ihre natürlichen Farben stumpf werden lassen, statt sie hervorzuheben.

Auch wenn dezente Töne sich dem Auge nicht aufdrängen, brauchen sie nicht matt zu sein. Creme- und Elfenbeintöne können tatsächlich Kreide ähneln, lassen sich aber mit ein wenig Glanz zum Leben erwecken. Deshalb wirken braunbeige Töne in einer cremigen Konsistenz besser als in Puderform. Um zu beurteilen, ob und wie sehr eine Farbe glänzt, tragen Sie sie auf dem Handrücken auf, halten diesen unter eine Lampe und bewegen die Hand. Dann sehen Sie bald, ob der Ton zu matt oder zu glänzend ist.

Verfahren Sie genauso mit Lippenstiften. Lipgloss wird allgemein als dezent angesehen, doch heute enthalten viele Produkte schillernde Partikel, so daß sie für ein glamouröses Abend-Make-up weit besser geeignet sind. Berücksichtigen Sie auch beim Kauf dezenter Lippenstifte Ihre natürliche Lippenfarbe. Versuchen Sie denselben Ton zu treffen, und wählen Sie einen intensiveren Farbton, wenn Sie die Wirkung verstärken wollen.

Was dezente Töne können, zeigt sich erst richtig, wenn Ihre Haut ein wenig müde und blaß aussieht. Wo leuchtende Farben zu auffällig wären, verleiht ein rosiger Schimmer Ihrem Gesicht wieder Vitalität. Transparente Lippenstifte wirken an solchen Tagen Wunder.

DIE DEZENTE FARBPALETTE

Dezente Töne sind zwar eher unauffällig, doch auch sie können Augen, Wangen, Lippen und Nägel verändern. Wichtig ist die Wahl solcher Töne, die sowohl Ihrem Teint als auch Ihren Gesichtszügen schmeicheln.

LIDSCHATTEN | PUDER-ROUGE

BLASSE HAUT, ROTES HAAR

Sehr blasse Haut profitiert von dezenten Apricot- oder Rosatönen. Sie verhindern, daß dieser Typ bleich und farblos wirkt.

HELLE HAUT, HELLES HAAR

Frauen diesen Typs sehen großartig mit einem dezenten Make-up aus. Um jedoch nicht farblos zu wirken, sollten Sie Töne aus unterschiedlichen Spektren wählen.

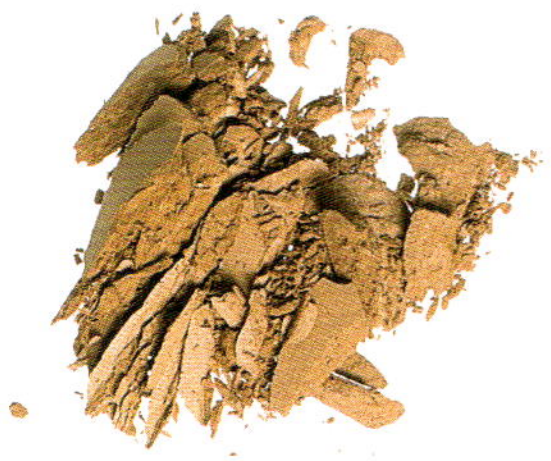

OLIVFARBENE HAUT

Olivfarbene Haut verlangt nach einem farblichen Kontrast. Wählen Sie deshalb für ein dezentes Make-up Töne, die etwas dunkler sind als Ihre Haut.

DUNKLE HAUT

Dunkle Haut wirkt am besten, wenn ihr dezente, glänzende Töne einen zarten Schimmer verleihen und mit dunklen Pflaumentönen Akzente gesetzt werden.

MATTE HAUT, GRAUES HAAR

Pfirsich- und Aprikosentöne verleihen reifer Haut eine wärmere, jugendlichere Ausstrahlung. Rosatöne dagegen können das Gesicht noch grauer machen.

LIPPENSTIFT LIPPENKONTURENSTIFT NAGELLACK

TOLLE Farbe

Eine neue, frische Make-up-Farbe kann Ihre Erscheinung innerhalb von Sekunden verändern, und es ist sehr viel billiger, auf diese Weise mit der neuesten Mode zu gehen, als sich eine neue Garderobe zuzulegen. Make-up hat noch ein weiteres, großes Plus: Es ist nicht für die Ewigkeit. Sie können viel Spaß beim Experimentieren haben, und wenn Ihnen das Ergebnis nicht gefällt, wischen Sie es einfach wieder ab. Beginnen Sie in der Kosmetikabteilung, Lippenstiftfarben auszuprobieren, die Sie vorher nie zu tragen gewagt hätten.

Doch denken Sie daran, daß das Geheimnis wirkungsvoller Farbe in der Beschränkung liegt. Überladen Sie Ihr Gesicht nicht mit einer Palette verschiedener Töne. Konzentrieren Sie sich statt dessen auf einen Bereich, und stellen Sie diesen so stark und auffällig heraus, wie Sie sich trauen. Betonen Sie entweder Ihre Augen oder Lippen, aber nicht beides, und wenn Sie wirklich leuchtende Farben wählen, gehen Sie sparsam damit um. Türkis- oder purpurfarbener Lidschatten sieht eindrucksvoll aus, wenn Sie ihn in winzigen Tupfern oder feinen Linien direkt über den Wimpern auftragen. Über das gesamte Lid verteilt, wirkt er weniger gut. Andererseits sieht ein schillerndes Marineblau oder ein samtiges Pflaumenlila auf dem gesamten Lid gut aus, wenn die Übergänge nicht zu hart sind. (Weitere Tips zur Konsistenz und wie sie Make-up-Farben beeinflußt, finden Sie auf S. 98.)

Genauigkeit beim Auftragen ist bei kräftigen Farben unerläßlich. Ein leuchtend roter Lippenstift sieht nur gut aus, wenn er sorgfältig aufgetragen wird. Die kräftige Farbe verlangt nach einer sauberen Konturenlinie; aufgefüllt wird dann mit dem Lippenpinsel (s. S. 114).

Richten Sie sich auch nach Ihrem Teint. Jugendliche Haut kann mit hochglänzenden Lippen in einer kräftigen Farbe und lediglich einem schimmernden, fast natürlichen Finish auskommen, während Farbe bei reiferer Haut besser auf perfekt aufgetragener Foundation mit einer leichten Puderschicht aussieht.

Lassen Sie sich von Zeitschriften zu neuen Farben inspirieren. Etwas Neues auszuprobieren macht Spaß und hilft Ihnen, den zu Ihrem Typ passenden neuen Look zu finden, solange Sie ein paar Grundregeln beachten. Farbige Wimperntusche wirkt für sich allein am besten – allerdings nur bei jugendlichem Teint. Kräftige Rouge-Töne vermeiden Sie am besten ganz; Rouge sollte immer zart sein. Verzichten Sie auch auf leuchtendes Orange für Wangen, Augen oder Lippen. Orange ist ein unnatürlicher Ton, der natürlich daherkommen will und für die meisten Hauttypen zu grell ist.

LIPPEN

Wenn Sie wollen, daß Ihre Lippen genau die Farbe Ihres Lippenstifts bekommen, wählen Sie einen matten Stift oder eine Creme aus der Tube. Glänzende Metallictöne sind weniger intensiv. Sie werden entweder dünn aufgetragen oder, zur Intensivierung des Farbtons, Schicht um Schicht aufgebaut. Farbloses Lipgloss ergibt ein tolles Finish, und getöntes Lipgloss schließlich verbindet die besten Eigenschaften von beiden: Farbintensität und Glanz.

WANGEN

Rouge gibt es in unendlich vielen Varianten, von fast unsichtbar bis opak. Transparentes Gel-Rouge kann direkt auf die Haut aufgetragen werden. Es läßt sich sehr leicht verteilen und ergibt ein durchschimmerndes Finish. Puder-Rouge ist optimal für tagsüber, da es dezent und professionell wirkt. Creme-Rouge hingegen ergibt einen wunderbar warmen Glanz für den Abend.

DIE WICHTIGSTEN

Konsistenzen

Die Konsistenz einer Make-up-Farbe bestimmt, wie sie auf Ihrer Haut wirkt. Vergleichen Sie die verschiedenen Finishs von mattem Puder zu farblosem Lipgloss und von schillernden Cremes zu durchscheinenden Tönen.

AUGEN

Loser Puder bringt die kräftigste Farbe auf die Augenlider, da er sehr pigmentreich ist. Die meisten Kompakt-Lidschatten haben heute eine so cremige Konsistenz, daß man, obwohl es sich um Puder handelt, ganz einfach mit ihnen umgehen kann. Ein Farbton, der im Döschen sehr intensiv ist, kann auf der Haut ganz anders aussehen. Bei Creme-Lidschatten genügt ein einziger Tupfer für das ganze Augenlid; er läßt sich leicht verteilen, und Sie bestimmen, wie intensiv die Farbe sein soll.

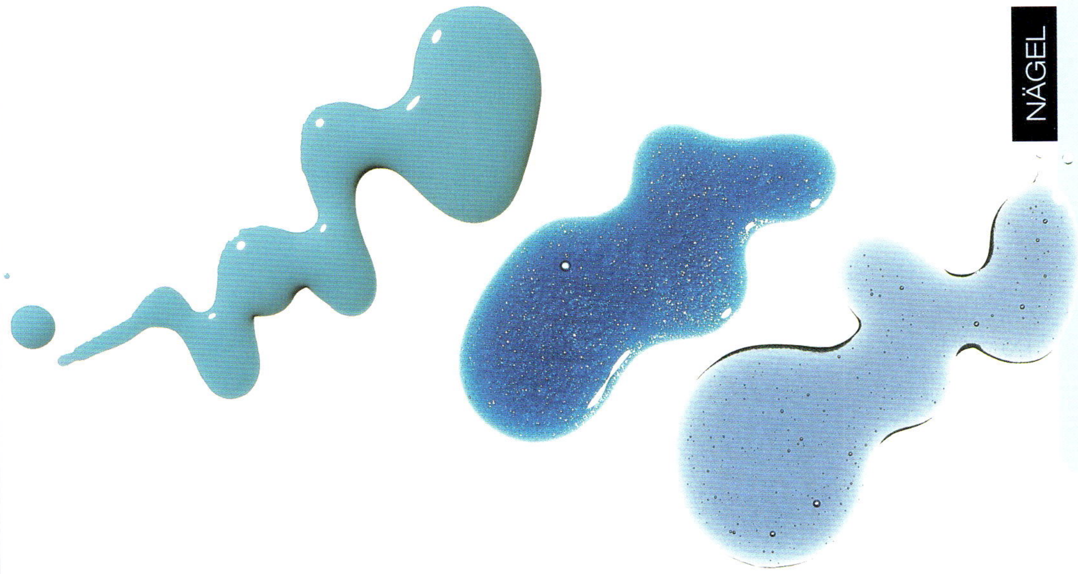

NÄGEL

Die neuesten Nagellacke sind transparent. Im Fläschchen wirken sie viel intensiver als auf den Nägeln. Sie sehen wässrig aus und bilden keinen harten Kontrast zu Ihrer Haut. Glitzernde Töne sollten Sie für den Abend reservieren; tagsüber könnten sie als unpassend empfunden werden. Matte Lacke, ein weiterer Neuling in den Kosmetikabteilungen, verleihen den Nägeln ein seriöses Finish und sind ideal für den Alltag im Büro.

BLASSE HAUT, ROTES HAAR

siehe Seite 21

Blasse, sommersprossige Haut wie die von Arabella ist von Natur aus etwas problematisch, was das Pflegen und Schminken betrifft. Sommersprossen wirken mit **transparenter Foundation** am besten, und es ist viel vernünftiger, sie durchscheinen zu lassen, als sie unter stark deckenden Produkten verstecken zu wollen. Da dieser Hauttyp selten fettig ist, braucht er – außer vielleicht in der T-Zone – keinen Puder. Für den zarten Teint von Rothaarigen den richtigen Brauenstift und Lidschatten zu finden, ist nicht so einfach, doch beige Töne sehen meist natürlicher aus als braune.

Es gibt jede Menge Tips, welche Farben am besten zu rotem Haar passen. Meist werden zarte Grün- und Blautöne für die Augen empfohlen und rot für die Lippen, aber Ihre Hautfarbe braucht Sie nicht davon abzuhalten, alles auszuprobieren. Ein gedecktes Beigebraun, Taupe oder Lila für die Augen paßt wunderbar zu einem **unauffälligen Tages-Make-up.**

Vermeiden Sie

tiefschwarze Mascara, es sei denn, Sie haben dunkle Brauen

stark deckende Foundation, die die Sommersprossen verschwinden läßt

Bevorzugen Sie

zarte Töne für die Lippen, deckend oder transparent

hellbeige Brauenstifte

Gel-Rouge, das die Sommersprossen durchschimmern läßt

DIE PASSENDE FOUNDATION

Eine sehr leichte, halb transparente Foundation verhilft zu einem besonders natürlichen Aussehen bei blasser Haut. Achten Sie aber darauf, daß sie einen hohen Lichtschutzfaktor aufweist. So schützen Sie Ihre empfindliche Haut in der kühleren Jahreszeit vor der Witterung und brauchen im Sommer keinen zusätzlichen Sonnenschutz, also keine weitere Schicht Chemie auf Ihrer Haut.

Den richtigen Foundation-Ton zu finden kann für Frauen wie Arabella zum Alptraum werden, da Sommersprossen sichtbar dunkler sind als die übrige Haut. Am besten wählen Sie einen, der dem bei Ihnen dominierenden Ton entspricht, und das ist meist der hellere. Damit gelingt Ihnen auch der Übergang am Hals besser, wo die meisten Menschen weniger Sommersprossen haben.

TIP Der Haut gelegentlich eine Erholungspause ganz ohne Make-up zu gönnen ist immer gut; dieser oft empfindliche Hauttyp profitiert jedoch besonders davon.

schöne Farben

HELLE HAUT,
HELLES HAAR

siehe Seite 20

Die Hauptschwierigkeit bei heller Haut wie der von Jo besteht darin, herauszufinden, ob sie im Ton eher **warm oder kühl** ist. Eine warmgetönte, helle Haut sieht, wenn sie mit kühlen Tönen wie pastelligem Pink, gedecktem Lila oder hellem Beige in Berührung kommt, fahl aus. Dagegen lassen wärmere Töne wie etwa ein sattes Goldbraun das Gesicht strahlen. Dasselbe gilt umgekehrt für den hellen, aber eher kühlen Hauttyp.

Vermeiden Sie, egal ob Ihr Ton warm oder kühl ist, blauen Lidschatten. Er lenkt von den Augen ab, statt sie zu betonen, selbst wenn sie blau sind, und wirkt leicht altmodisch. **Dezente, kontrastierende Töne** sehen weitaus besser aus und betonen Ihre Augenfarbe. Terracotta- oder orangefarbenes Rouge ist für helle Haut zu kräftig. Versuchen Sie es statt dessen mit einem warmen Apricot- oder einem kühlen Pinkton für die Wangen. Für die Lippen wählen Sie entweder transparente, warme braunrosa Töne oder ein kühles Lilarosa.

Vermeiden Sie

matte Töne – sie wirken fahl auf Ihrer Haut

orangefarbenes Rouge; es ist zu aufdringlich

Bevorzugen Sie

schimmernde, natürliche Töne für die Augen

leichte, transparente Töne für die Lippen

tagsüber dunkelbraune Mascara

EIN AUFREGENDES GESICHT

Statt Ihre Augen mit dunklen, rauchigen Tönen besonders stark hervorzuheben, versuchen Sie es einmal mit diesem schimmernden Look für abends: Nehmen Sie nach dem Kühl-zu-warm-Prinzip silbernen oder goldenen Creme-Lidschatten. Tragen Sie ihn auf das gesamte Lid auf, und lassen Sie ihn zu den Brauen hin auslaufen. Gehen Sie sparsam damit um; bei beiden Tönen reicht schon eine kleine Menge. Der Brauenknochen selbst bekommt keine Farbe ab. Betupfen Sie ihn lediglich mit etwas Vaseline, das genügt als Finish. Tragen Sie dann auf die Wangenknochen einen cremigen Aufheller auf, den Sie im Halbkreis um die äußeren Augenwinkel verstreichen. Geben Sie etwas Creme-Rouge auf die Wangen, und betonen Sie die Lippen entweder mit einem Lippenstylo in einem kühlen, transparenten Himbeerrot oder mit einem Creme-Lippenstift in einem satten, halbmatten Rot, den Sie mit dem Lippenpinsel auftragen. Betonen Sie zum Schluß Ihre Brauen mit etwas mittelbraunem Lidschatten, der sanfteren Alternative zu einem Brauenstift.

TIP Lassen Sie Ihre Wimpern färben, um nicht jeden Tag Mascara auftragen zu müssen. Wenn Sie sie dann tuschen, seien Sie besonders sorgfältig bei den hellen Haarwurzeln.

schöne Farben

OLIVFARBENE HAUT, DUNKLES HAAR

siehe Seite 21

Das Letzte, was eine Haut wie die von Susanna braucht, ist ein ölhaltiges Make-up. Behandeln Sie die Haut statt dessen mit einem **Gesichtswasser,** das den Glanz nimmt und eine bessere Grundlage für eine mattierende Foundation schafft. Eine solche Foundation enthält meist Stärke, die das Hautfett aufnimmt. Foundation in einem **warmen Gelbton** paßt gut zu olivfarbener Haut; pinkfarbene dagegen scheint auf der Haut zu schweben. **Loser Puder** ist unentbehrlich bei fettiger Haut. Die modernen Produkte sind so fein, daß sie die Poren nicht verstopfen. Übertreiben Sie es trotzdem nicht; ein leichter Hauch Puder sieht sehr viel schöner aus als eine dicke Schicht.

Zu olivfarbener Haut passen viele Farben. Wählen Sie dunklen Eyeliner, kräftigen Lippenstift und aufregende, südländische Töne oder schimmernde Pastelltöne für die Augen. Ein blasses, mattes Rosa für die Lippen ist wahrscheinlich das einzige, was Ihnen nicht steht. Versuchen Sie es statt dessen mit transparenten Lippenstiftfarben.

Vermeiden Sie

orangefarbenes Rouge; ihre Haut wirkt sonst fahl

pinkfarbene Foundation und blasse Pinktöne für die Lippen

Bevorzugen Sie

Puderpapier, das überschüssiges Hautfett aufnimmt

satte Beerentöne für die Lippen

weiche Eyeliner-Stifte für den oberen und unteren Lidrand

ETWAS GLAMOUR FÜR DEN ABEND

Versuchen Sie es zum Ausgehen einmal mit einem pudrigen Pearl-Lidschatten oder einer Creme in Jade bzw. in einem hellen Türkis. Belassen Sie es bei einer Farbe, tragen Sie sie nur auf dem oberen Lid auf, und lassen Sie sie auf dem Brauenknochen in einen cremigen Aufheller übergehen. Betonen Sie den Brauenbogen kräftig mit einem Stift und die Wimpern mit viel Mascara. Die Lippen erhalten ihr Finish mit einem feuchtigkeitsspendenden Lippenstift in einem gedeckten, bräunlichen Beigeton.

Sie können Ihren von Natur aus dunklen Typ aber auch mit einem glamourösen Augen-Make-up betonen. Stufen Sie von den Wimpern bis zum Brauenbogen Lidschatten in verschiedenen Tönen von dunkel nach hell ab. Tragen Sie dann entlang dem oberen Lidrand dicht am Wimpernansatz flüssigen Eyeliner auf. Für den unteren Lidrand nehmen Sie einen nicht zu dunklen Lidschatten, den Sie mit einem Eyeliner-Pinsel auftragen. Vervollständigen Sie das Ganze mit tiefschwarzer Mascara.

TIP Leisten Sie sich gegen dunkle Augenringe einen guten, gelbgetönten Abdeckstift. Pink- oder pfirsichfarbene Töne vertragen sich nicht mit Ihrer Hautfarbe.

schöne Farben

DUNKLE HAUT, SCHWARZES HAAR

siehe Seite 21

Noch gibt es relativ wenige Kosmetika, die speziell für dunkle Haut wie die von Sandra geeignet sind. Während hellere Haut die **kreidigen Puderpartikel** absorbiert, die allen Make-up-Farben zugrundeliegen, werden sie auf dunkler Haut sichtbar, verfälschen die Farben und lassen sie stumpf erscheinen. **Gels, farbloser Glanz** und transparente Töne für Augen, Wangen und Lippen funktionieren bei allen Hauttönen, doch bei Lidschatten und Puder sollten Sie auf Produkte zurückgreifen, die speziell für dunkle Haut entwickelt wurden.

Dunkle Haut kann mit auffälligen Tönen wie Marineblau oder einem satten Purpur, die die Augen weißer erscheinen lassen, toll aussehen. Wählen Sie leicht **schillernde Farben;** sie lassen Ihre Haut strahlen. Damit der Mund symmetrischer erscheint, nehmen Sie Ihre Lieblingsfarbe, und zeichnen Sie dann die Kontur der Oberlippe mit einem Abdeckstift nach.

Vermeiden Sie

matte Farben für die Lippen; sie lassen den Mund flach erscheinen

sehr ölige Foundation, da die Haut sonst noch mehr glänzt

Bevorzugen Sie

pflaumenfarbenes Pearl-Rouge

transparente Beerentöne für weiche, volle Lippen

schillernden Lidschatten für einen aufregenden Look

MODELLIEREN UND STRAHLEN

Haben Sie Lust auf ein durchmodelliertes Gesicht? Dann tragen Sie im Bereich unter den Augen einen etwas helleren Foundation-Ton als sonst auf, und verstreichen Sie ihn gut zu den Wangenknochen hin. Damit diese optisch hervortreten, tragen Sie unterhalb der Wangenknochen einen dunkleren Ton auf, oder arbeiten Sie mit einem Bronzestift. Darüber kommt dann die Foundation, die Sie immer verwenden. Bei dieser Technik schlagen Sie zwei Fliegen mit einer Klappe: Sie lassen Ihre Wangenknochen hervortreten und lenken die Aufmerksamkeit auf die Augenpartie.

Bei dunkler Haut ist es auch möglich, unterschiedliche Töne für Foundation und Puder zu verwenden. Wenn Sie als Grundlage eine Farbe auftragen, die Ihrem Hautton entspricht, und darüber einen Hauch Puder in einem etwas helleren Ton, verleiht dies Ihrer Haut einen wunderbar samtigen Glanz. Für das Abend-Make-up versuchen Sie es einmal mit einem leicht schillernden Puder.

TIP Für ein spektakuläres Abend-Augen-Make-up verwenden Sie schwarzen oder auberginefarbenen, flüssigen Eyeliner. Das perfekte Finish erreichen Sie mit normalen Stiften nicht.

schöne Farben

REIFE HAUT,
GRAUES HAAR
siehe Seite 20

Reifere Frauen wie Lynne legen meist mehr Wert auf Hautpflege als auf Make-up. Gute, wirksame Pflege kann bei matter Haut tatsächlich Wunder wirken, doch auch Make-up kann Ihnen zu einem **moderneren, jugendlichen** Aussehen verhelfen. Wenn Ihnen diese Vorstellung gefällt, ist es wahrscheinlich Zeit für eine Typveränderung. Hängen Sie an alten Gewohnheiten?

Beginnen Sie mit einer der neuen, **lichtreflektierenden Foundation-Rezepturen**, die Ihre Haut so richtig aufpeppen. Graues Haar kann den Grundton der Haut leicht verändern und sie kühl erscheinen lassen. Treten Sie dem mit einem apricot- oder pfirsichfarbenen Rouge und rosagetöntem Puder mit einem Stich Gelb entgegen. Glauben Sie nicht, aufsehenerregende Farben seien nichts für Sie! Ein dunkles Rot kann zu blasser Haut und grauem Haar herrlich aussehen. Gedeckte Rosenfarben wiederum schmeicheln den **Lippen** und lenken die Aufmerksamkeit auf die Augen.

Vermeiden Sie

matte Texturen, die die Haut noch stumpfer machen
pinkfarbenen Puder, da er Sie älter erscheinen läßt

Bevorzugen Sie

lichtreflektierende Pigmente in Foundation und Puder
gold- oder pfirsichfarbenen Puder
cremige, feuchtigkeitsspendende Lippenstifte

AUF GENAUIGKEIT KOMMT ES AN

Wenn Sie Ihre Augen schminken, öffnen Sie den Augenbereich etwas, indem Sie die Braue leicht nach oben schieben. So können Sie Lidschatten auf dem gesamten Lid verteilen und nicht nur auf dem sichtbaren Bereich. Behandeln Sie Ihre Haut vorher mit einer Feuchtigkeitscreme, und tragen Sie die Foundation mit einem Schwämmchen auf. Damit läßt sie sich besser im gesamten Augenbereich verteilen, und es kann sich keine Farbe in Krähenfüßen absetzen. Ein Wimpernformer verleiht dünnen Wimpern wieder Schwung und betont das Auge. Es erscheint offener, und die Wirkung von Mascara wird verstärkt. Verwenden Sie lieber schwarze als braune Mascara, sie betont das Weiße im Auge stärker.

Ein Lippenkonturenstift ist für reife Haut unerläßlich. Er schafft eine wächserne Schranke, die die Lippenfarbe daran hindert, über die Lippenränder hinauszulaufen. Wie Sie zu einer perfekten Lippenform gelangen, wird Schritt für Schritt auf S. 114 erklärt.

TIP Tragen Sie im Bereich des äußeren Augenwinkels etwas weniger Foundation auf; es könnte die feinen Linien und Fältchen dort eher betonen statt sie zu kaschieren.

schöne Farben

TIPS

Augen-Make-up

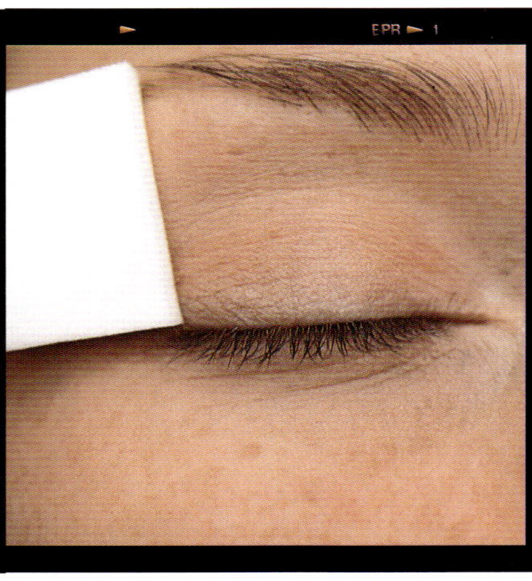

Wählen Sie natürliche Töne und einen sanften Brauenschwung für ein dezentes Augen-Make-up.

1 Tupfen Sie, falls Sie Foundation auftragen, mit dem Schwamm etwas davon auf die Augenlider; falls nicht, bereiten Sie die Zone mit ein wenig Teintgrundierung aufs Schminken vor.

2 Tragen Sie eine helle, dezente Farbe auf das gesamte Lid auf, und lassen Sie sie zur Braue hin auslaufen. Ein modernes Finish erreichen Sie mit einem leicht glänzenden, dezenten Lidschatten.

TIPS

Klare Linien

Diese Art, Ihre Augen zu betonen, verhilft Ihnen schnell zu ein wenig Extravaganz am Tag.

1 Für diesen professionellen Look tragen Sie etwas von Ihrer normalen Foundation auf die Lider auf, bevor Sie einen hellen, halbmatten Lidschatten auf dem Brauenknochen verteilen.

GEHEIMNISSE DER Profi-Klasse

3 Tragen Sie nun einen etwas dunkleren Ton entlang der Lidfalte auf; verstreichen Sie ihn gut, damit keine harten Konturen entstehen.

4 Um das Bild abzurunden, können Sie von diesem Farbton auch ein wenig unter die Brauen bürsten. Zum Schluß tragen Sie noch etwas Mascara auf; überschüssige Farbe nehmen Sie mit dem Bürstchen ab.

2 Ziehen Sie mit flüssigem Eyeliner eine feine Linie entlang dem oberen Wimpernansatz. Weicher wirkt es, wenn Sie mit einem Pinsel dunklen Lidschatten auftragen. Lassen Sie die Linie am äußeren Lidrand nach oben hin auslaufen.

3 Geben Sie den Wimpern mit dem Wimpernformer Schwung, und tragen Sie Mascara auf. Betonen Sie die Brauen zum Schluß noch mit einem Brauenstift.

TIPS

Glanzvolle Auftritte

Der Abend ist die Zeit für Glanz und Glimmer sowie buchstäblich leuchtende Augen.

Bereiten Sie die gesamte Augenpartie zum Schminken vor, indem Sie mit einem kleinen Schwamm sorgfältig Make-up auftragen. Pudern Sie das obere Lid nicht – Farbe haftet auf Make-up besser.

Verteilen Sie etwas durchscheinenden Puder oben auf den Wangenknochen, direkt unter den Augen. Sollten jetzt winzige Lidschattenpartikel hinunterfallen, bleiben sie im Puder hängen und können leicht abgetupft werden.

Verteilen Sie jetzt einen dunkleren Ton in einer ähnlichen Farbe auf dem oberen Lidrand; bleiben Sie auch hier so dicht wie möglich an den Wimpern, und schaffen Sie einen harmonischen Übergang zum helleren Ton.

GEHEIMNISSE DER Profi-Klasse

Tragen Sie auf das gesamte Augenlid einen mittelkräftigen Lidschatten auf, z.B. mittelgrau oder Pflaume; arbeiten Sie dabei von den Wimpern aus aufwärts. Säubern Sie den Pinsel, und verstreichen Sie die Farbe in der Lidfalte gut, damit es keine harten Konturen gibt.

Schauen Sie vor dem Spiegel nach oben, und tragen Sie mit einem feinen Lidschattenpinsel denselben Farbton am unteren Lidrand entlang auf, so dicht am Wimpernansatz wie möglich. Säubern Sie den Pinsel wieder mit einem Papiertuch, bevor Sie den Lidstrich außen verstreichen.

Ziehen Sie mit dunklem, flüssigem Eyeliner dicht am oberen Wimpernansatz entlang einen Lidstrich. Arbeiten Sie von der Augenmitte zu den Rändern hin, und lassen Sie die Linie außen nach oben auslaufen, das gibt Ihrem Blick etwas Katzenartiges.

Tragen Sie nun einen Aufheller auf die Brauenknochen auf; das verleiht der Augenpartie einen dramatischen Effekt. Betonen Sie die Brauen mit einem Stift oder mit Lidschatten, und tragen Sie auf die oberen und unteren Wimpern je zwei Schichten Mascara auf.

TIPS

Schöne Lippen

Mit kräftig geschminkten Lippen machen Sie Eindruck – aber nur, wenn auch die Form stimmt.

1 Mit dem richtigen Handwerkszeug läßt sich die für Sie optimale Lippenform erreichen, und das Ergebnis hält auch noch lang. Bereiten Sie Ihre Lippen mit einer guten Lippencreme vor, vermeiden Sie jedoch wächsernen Balsam. Warten Sie einige Minuten, bis die Creme eingezogen ist.

2 Wählen Sie einen Konturenstift in der Farbe Ihres Lippenstifts. Nachdem dieser aufgetragen wurde, sollte die Kontur nicht mehr zu sehen sein; sie verhilft nur zu klaren Formen. Beginnen Sie in der Mitte der Oberlippe, und arbeiten Sie nach außen. Bei der Unterlippe arbeiten Sie von außen nach innen.

TIPS

Hochglanz-Lippen

Glatte Lippen und eine sanfte Kontur sind Voraussetzung für ein glänzendes Finish.

1 Auf diesen Look müssen Sie Ihre Lippen gut vorbereiten. Reiben Sie sie entweder mit etwas Peeling-Creme ein, oder tragen Sie Lippenbalsam auf, und bürsten Sie sie dann mit einer weichen Zahnbürste, damit alle trockenen und abgestorbenen Hautschuppen entfernt werden.

GEHEIMNISSE DER Profi-Klasse

Füllen Sie die Lippen bis zu der gemalten Linie mit Lippenstift aus. Nehmen Sie dazu einen Lippenpinsel, damit läßt sich die Farbe satter auftragen, und Sie kommen besser in die Mundwinkel.

Fixieren Sie die Farbe, indem Sie eine Lage eines Papiertaschentuchs auf die Lippen legen. Puder darüber zu stäuben ist nicht nötig. Um die Wirkung zu verstärken, können Sie eine zweite Schicht Farbe oder etwas Lipgloss auftragen.

2 Um Ihren Hochglanz-Lippen zu Tiefe zu verhelfen, tragen Sie zuerst Ihren normalen Lippenstift auf. Auf einen Pinsel können Sie verzichten, da bei diesem Look die Konturen ruhig etwas unscharf sein dürfen. Der Konturenstift ist hier ohnehin überflüssig.

3 Tragen Sie das Lipgloss direkt aus dem Tiegel mit den Fingerspitzen auf. Übertreiben sie es aber nicht, denn hochglänzende Lippen sind der Blickfang Ihres Gesichts.

VOM BÜRO ZUR Party

Wenn Sie den ganzen Tag im Büro verbracht haben, fällt es Ihnen sicher manchmal schwer, die nötige Zeit und Energie aufzubringen, um sich für den Abend ausgehfein zu machen. Mit einigen einfachen Tricks können Sie Ihr Make-up in Sekundenschnelle auffrischen. Wenn Sie sich wieder attraktiver fühlen, sprudelt garantiert auch die Energiequelle wieder.

1 Anstatt das noch vorhandene Make-up zu entfernen, geben Sie einige Spritzer Gesichtswasser auf ein Watte-Pad und streichen Sie damit über die Haut. Das glättet Unebenheiten, läßt die bestehende Grundierung aber weitgehend intakt. Entfernen Sie Mascara- und Make-up-Reste unter den Augen vorsichtig mit einem Watte-Pad, dessen Rand Sie in Augen-Make-up-Entferner getaucht haben. Tragen Sie dann neues Make-up auf.

2 Einen wunderbar strahlenden Teint bekommen Sie, wenn Sie die Haut mit einem leicht schillernden Puder überstäuben. Er reflektiert das Licht, und müde Haut wirkt mit einem Schlag wieder frisch. Bei einem etwas tieferen Dekolleté sieht ein wenig goldgetönter Puder im Ausschnitt und auf dem Schlüsselbein ebenfalls toll aus.

3 Aufheller auf Ihren Wangen- und Brauenknochen hat stets eine aufregende Wirkung, tragen Sie deshalb an diesen Stellen etwas schimmernden Pearl-Puder auf. Nehmen Sie einen warmen Cremeton, das schmeichelt matter Haut mehr als ein kühler, silbriger Ton.

4 Tupfen Sie etwas Goldpuder oder schillernden, pinkfarbenen Puder in den inneren Augenwinkel. Das peppt augenblicklich auf, ohne zu angemalt zu wirken.

5 Behandeln Sie Hautunreinheiten und dunkle Schatten mit einer Abdeckcreme, die Sie mit einem Pinsel auftragen. So erwischen Sie nicht zuviel und kommen nicht mit dem bestehenden Make-up in Konflikt. Dekken Sie auch die Schatten zwischen innerem Augenwinkel und Nasenwurzel ab. Sie entstehen gern am Ende eines langen Arbeitstages.

6 Mascara hilft fast in allen Fällen, und zwei Schichten wirken am Abend besser als eine. Sie können die zweite Schicht über die bestehende auftragen, vorausgesetzt Sie kämmen die Wimpern sofort danach durch.

7 Rosa- und korallenfarbenes Rouge verleihen müder Haut Energie und Vitalität, die sie am Ende eines Tages gut gebrauchen kann. Nehmen Sie am Abend einen etwas dunkleren Ton als sonst, dann wirkt Rouge auch bei Kunstlicht optimal. Olivfarbene Haut profitiert von etwas Bräunungspuder auf der Wangenmitte.

8 Es sieht eleganter aus und spart Zeit, wenn Sie sich entweder auf die Augen oder die Lippen konzentrieren. Zu tiefrot leuchtenden Lippen beschränken Sie sich auf einen gepflegten Brauenschwung und zarten Glanz auf dem Brauenknochen oder einen Lidstrich. Für einen etwas verruchten Look tragen Sie rings um das Auge Lidschatten auf, und zwar so dicht an den Wimpern wie möglich.

9 Für volle Lippen am Abend versuchen Sie es mit folgendem alten Trick, und tragen Sie einen helleren Ton in der Mitte der Lippen auf und einen dunkleren außen. Achten Sie dabei auf sanfte Übergänge.

Haarpflege

DAS GEHEIMNIS SCHÖNER

Haare

Unser Haar sagt mehr über uns aus als unser übriges Äußeres. Farbe, Schnitt und Glanz sind allesamt Ausdruck unserer Persönlichkeit und des Bildes, das wir abgeben wollen. Alles an unserem Haar macht irgendeine Aussage über uns, ob es nun lang ist oder kurz, natürlich fällt oder gestylt ist, das Gesicht weich oder streng umrahmt. Kräftiges, glänzendes Haar stärkt unser Selbstvertrauen ungemein, während wir an Tagen, an denen das Haar nicht richtig liegt oder gar schlecht geschnitten ist, zu ernsthaften Selbstzweifeln neigen.

DER RICHTIGE SCHNITT

Der Schlüssel zu schönem Haar ist ein guter Schnitt, das heißt, einer, der der Gesichtsform schmeichelt und zum Haartyp paßt. (Näheres dazu finden Sie auf S. 17.) Berücksichtigen Sie auch Ihren Lebensstil – einige Frisuren sind sehr viel zeitaufwendiger als andere. Damit ein guter Schnitt auch ein solcher bleibt, lassen Sie die Haare regelmäßig nachschneiden. Danach sehen Sie nicht nur blendend aus und fühlen sich gut, Sie profitieren auch noch in anderer Hinsicht davon, da Ihr Haar gesund bleibt und trockene, gespaltene Spitzen keine Chance haben.

Wenn Sie einen neuen Friseur ausprobieren, bitten Sie ihn vor dem ersten Schnitt um eine Beratung. Ein guter Stylist wird sich gerne zehn Minuten mit Ihnen unterhalten, bevor er ans Werk geht. Während dieser Zeit können Sie sich von dem Salon einen Eindruck verschaffen und sich einige fertige Schnitte anschauen. Nehmen Sie Abbildungen aus Zeitschriften mit, falls Sie fürchten, Ihre Wünsche nicht richtig beschreiben zu können. Doch seien Sie auf eine realistische Einschätzung dessen vorbereitet, was sich mit Ihrem Haar machen läßt und was nicht. Besser, Sie wissen es vorher, wenn ein bestimmter Schnitt Ihnen nicht steht.

Nur kräftiges, gesundes Haar kann glänzen

Ein Friseurbesuch sollte rundum entspannend sein, doch versuchen Sie, vom Fachwissen Ihres Friseurs soviel wie möglich zu profitieren, indem Sie ihm Fragen stellen, während Sie dort sind. Er kann Ihnen Tips zum Trocknen und Stylen geben, die Sie zu Hause anwenden können, und Produktempfehlungen aussprechen. Wenn Sie zu irgendeinem Zeitpunkt nicht glücklich sind mit dem, was Sie im Spiegel sehen, bitten Sie den Friseur aufzuhören und Ihnen zu erklären, was er gerade tut. Genauso sollten Sie sofort jemanden bitten, nach Ihrem Haar zu schauen, wenn Sie sich während einer chemischen Behandlung wie einer Dauerwelle oder beim Färben unwohl fühlen.

ZURÜCK ZUM WESENTLICHEN

Wir geben mehr Geld für Haarpflege aus als für jeden anderen Schönheitsbereich, und die Palette der angebotenen Produkte wird ständig erweitert. Shampoos, Spülungen (Conditioner) und Pflegeprodukte für Problemhaar haben vom wissenschaftlichen Fortschritt in jüngster Zeit enorm profitiert, und die regelmäßige Anwendung einiger sorgfältig ausgewählter Produkte pflegt und schützt Ihr Haar optimal. Doch zuerst sollten Sie Ihren Haartyp prüfen. Schönes, gesundes Haar hängt von der korrekten Anwendung der richtigen Produkte über einen gewissen Zeitraum ab, nicht von irgendwelchen Spontankäufen.

Beginnen Sie mit den grundsätzlichen Dingen. Verwenden Sie Shampoo und Spülung von ein und derselben Linie und für einen Haartyp. Auch die Wahl der richtigen Spülung ist wichtig. Sind Sie nicht sicher, welche Sie nehmen sollen, versuchen Sie Ihr Haar direkt nach dem Waschen zu kämmen. Bleibt der Kamm schon nach den ersten Zentimetern stecken, brauchen Sie wahrscheinlich eine konzentrierte Spülung; schafft er es bis zur Hälfte, genügt eine für leichte Kämmbarkeit.

Berücksichtigen Sie immer Ihren Haartyp. Bei Haar, das chemisch geschädigt oder von Natur aus trocken ist oder auch von der Sonne strapaziert wurde, ist die Notwendigkeit für hilfreiches Eingreifen offensichtlich, doch auch fettiges Haar kann von einer Spülung profitieren. Wenn sie Ihr Haar schwer macht oder es danach keine Spannkraft mehr hat, versuchen Sie es mit einer weniger konzentrierten Rezeptur, oder behandeln Sie nur die Spitzen damit.

Haben Sie die richtigen Produkte gefunden, machen Sie das Beste daraus. Viele Frauen überladen das Haar mit Shampoo oder Conditioner, die sich dann kaum noch ausspülen lassen. Ein Klecks von der Größe eines Markstücks sollte genügen, und falls Sie tatsächlich mehr brauchen, ist es besser, den Vorgang zu wiederholen, als von vornherein zuviel zu nehmen.

Viele Frauen vergessen auch, daß Spülungen ihre Zeit brauchen. Um richtig wirken zu können, benötigen sie fünf Minuten Zeit. Wichtig ist auch, sie richtig auf dem Haar und der Kopfhaut zu verteilen. Wenn ein Profi dies tut, kommt es einer Kopfmassage gleich. Das sollten Sie zu Hause ebenfalls anstreben. Auch die besten Produkte können ihre Wirkung nicht voll entfalten, wenn sie nicht richtig mit dem Haar in Kontakt kommen.

Schließlich kann der alte Trick, das Haar nach einer Spülung kalt auszuspülen, dessen Aussehen tatsächlich verbessern. Das einzelne Haar besteht aus einem Kern oder Schaft, der von Häutchen umgeben ist, die sich wie Dachziegel überlappen. Sehr heißes Wasser läßt die Häutchen anschwellen und vom Schaft abstehen, während sie sich bei kaltem Wasser eng um den Kern legen und eine glatte, glänzende Oberfläche bilden. Spülungen und andere Pflegeprodukte tragen zu diesem Prozeß bei, indem sie winzige Lücken zwischen Haarschaft und Häutchen, die durch unsanfte Behandlung entstanden sind, füllen und die Häutchen selbst mit einem lichtreflektierenden Überzug umgeben.

ERFAHREN SIE ALLE STÄRKEN IHRES HAARS

Die Technologie, die Hautpflege- und Make-up-Produkte revolutionierte, hat auch viele Haarpflegemittel verändert. Sie brauchen nicht mehr unbedingt zum Friseur zu gehen, wenn Sie glänzendes, vitales Haar

Die Duftfrage

Bei der Wahl von Haarpflegeprodukten spielt der Duft eine wesentliche Rolle, denn das Haar gibt erstaunlich viel von seinem Duft an die Umgebung ab. Wenn es nicht gerade sehr kurz ist, wird Sie der Duft des Shampoos und der Spülung auf Schritt und Tritt begleiten. Haarpflegeprodukte enthalten viele wohlriechende natürliche Inhaltsstoffe, und zwar in erster Linie wegen ihrer pflegenden Wirkung. Kräuter wie Rosmarin und Thymian verleihen dunklem Haar Glanz, und Kokosnuß- und Orangenöl haben feuchtigkeitsspendende Eigenschaften. Daß sie auch noch wunderbar duften, ist ein zusätzliches Plus.

Ist Ihr Lieblings-Eau-de-Toilette in einer alkoholfreien Variante erhältlich – was inzwischen bei vielen Düften der Fall ist –, können Sie auch das aufs Haar sprühen. Es schadet dem Haar nicht, umhüllt Sie aber mit einem wunderbaren Duft.

haben wollen, das erreichen Sie auch zu Hause.

Volumen aufbauen Feines, fliegendes Haar ist für viele Frauen ein Problem. Schon das Wort Volumen klingt in ihren Ohren vielversprechend. Aber ist es auch zu erreichen? Lockenstäbe und heizbare Wickler, die direkt an den Haarwurzeln ansetzen, waren bisher die einzigen Mittel auf dem Weg zu luftigem, fülligem Haar. Inzwischen wurden jedoch Shampoos, Conditioner und Styling-Produkte entwikkelt, die Volumen ins Haar bringen.

Die meisten dieser Produkte plazieren Weizenproteine unter die Häutchen, die das einzelne Haar dicker erscheinen lassen. Die Wirkung – sie hält übrigens von einer Wäsche zur nächsten – läßt sich durch mehrere Produkte steigern. Die Kombination von Volumen-Shampoo, Conditioner und Haarspray verändert Ihr Haar sichtbar. (Eine Schritt-für-Schritt-Anleitung, wie Sie Volumen in feines Haar bringen, finden Sie auf S. 136.)

Mit Schaum läßt sich ebenfalls Fülle ins Haar bringen, doch besteht hier die Gefahr, daß es trocken wird. Optimale Ergebnisse erzielen Sie, wenn Sie Ihr Haar in einzelne Strähnen teilen und den Schaum direkt an den Wurzeln auftragen.

Glanz und Halt schaffen Die in jüngster Zeit entwickelten Haarwasser und Sprays binden Feuchtigkeit und verleihen mattem Haar einen satten Glanz. Sie überziehen das Haar mit ihren lichtreflektierenden, feuchtigkeitsspendenden Inhaltsstoffen und glätten die Häutchen. Das Ergebnis ist ein ebenmäßiges Finish. Gels, die ebenfalls zuverlässig Halt geben, können mit den Händen auf das nasse Haar aufgetragen werden. Anschließend durchkämmen. Gehen Sie sparsam damit um. Haben Sie zuviel aufgetragen, waschen Sie einfach den Kamm aus, und nehmen Sie damit das überschüssige Gel ab.

Haarwachs und Pomade, mit denen sich ein ausgesprochen eleganter Look erzielen läßt, können ebenfalls mit den Fingerspitzen aufgetragen werden. Das geht einfacher, wenn Sie einen erbsengroßen Klecks vorher in den Handflächen anwärmen. Haarwachs soll dem Haar Struktur verleihen und die einzelnen Strähnen deutlich voneinander trennen; arbeiten Sie es deshalb besonders gründlich in die Spitzen ein (s. S. 138).

Wichtig: ausreichender Schutz

- Gehen Sie sanft mit Ihrem Haar um. Statt nach dem Waschen mit Kamm oder Bürste durchzufahren, drücken Sie die Nässe mit einem Handtuch aus, und entwirren Sie dann vorsichtig und von den Spitzen zur Wurzel hin die verhedderten Strähnen. Kaufen Sie einen Kamm, der aus einem Stück gefertigt ist, damit unsaubere Nahtstellen den Haarbalg nicht aufrauhen.
- Für Haarschäden sind meist Haartrockner und heizbare Styling-Geräte verantwortlich. Wenn Sie unbedingt fönen müssen, lassen Sie das Haar zuerst eine Weile an der Luft trocknen. Der Moment, wo Wärme tatsächlich Halt geben kann, tritt erst am Ende des Trocknungsprozesses ein; es sollte also genügen, wenn der Fön dann zum Einsatz kommt.
- Seien Sie vorsichtig mit Lockenstäben und Brennscheren. Befinden sich darauf kleine schwarze Flecken, haben Sie Ihr Haar wahrscheinlich versengt und den Haarbalg geschädigt. Behandeln Sie es mit einem der neuen, schützenden Styling-Produkte, die Ihr Haar restrukturieren.
- Denken Sie daran, daß Sonne Ihrem Haar ebenso wie der Haut schaden kann. Schützen Sie es im Sommer mit Haaröl oder Spray vor den schädigenden UV-Strahlen.

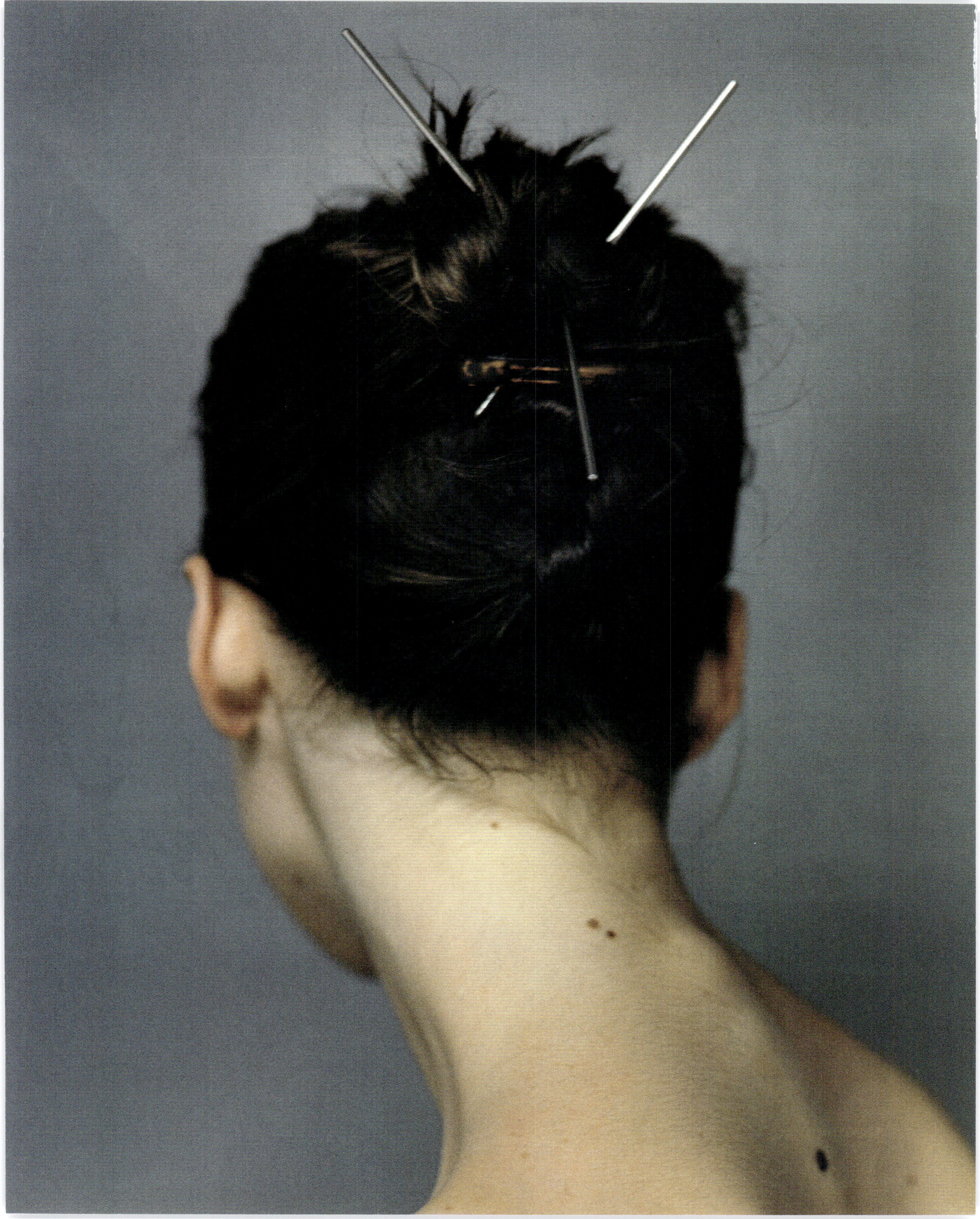

HAARSCHNEIDESCHERE

Wenn Sie Ihren Pony daheim kürzen wollen, nehmen Sie eine professionelle Schere. Sie hat scharfe, dünne Schneiden, die die Haare durchtrennen, ohne daß die Enden sich spalten.

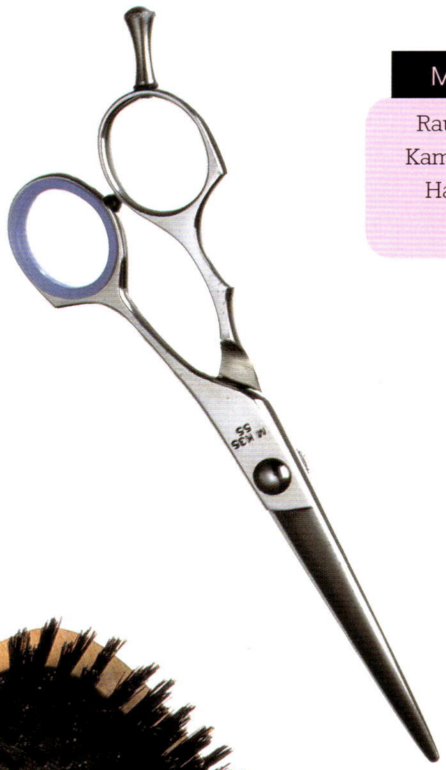

METALLKAMM

Rauhe Nahtstellen am Kamm können an Ihrem Haar kratzen und es beschädigen.

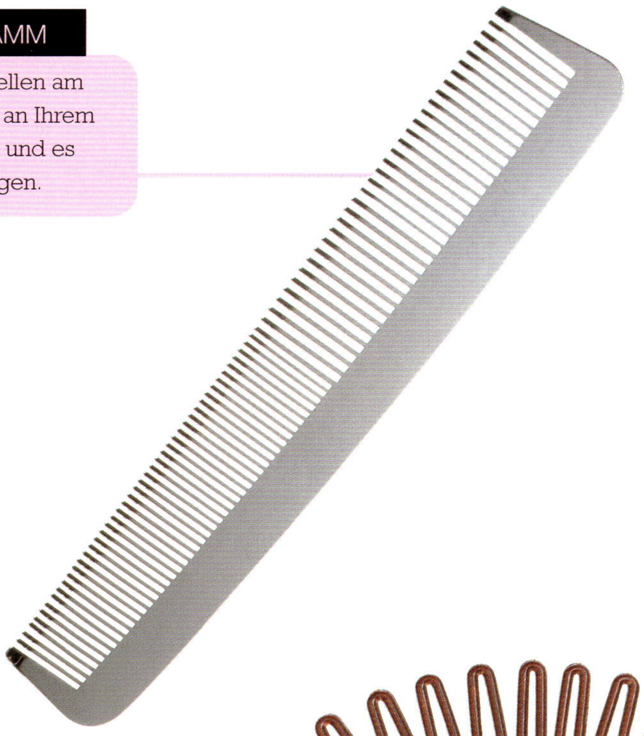

HAARBÜRSTE

Eine Bürste mit Naturborsten ist eine lohnende Investition. Sie sollte eine Luftpolsterung haben und gut in der Hand liegen. Waschen Sie sie alle 14 Tage in etwas warmem Wasser und Shampoo aus.

STRETCHKAMM

Mit diesem Reif haben Sie im Handumdrehen eine elegante neue Frisur. Ziehen Sie ihn einfach über den Kopf, und schieben Sie das gekämmte Haar damit aus dem Gesicht.

DIE WICHTIGSTEN

Utensilien

Haarschäden, die wir uns selbst zufügen, entstehen meist durch Unvorsichtigkeit und ungeeignetes Werkzeug. Mit einer preiswerten, haarfreundlichen Grundausstattung sollte sich dieses Problem lösen lassen.

GUMMIBÄNDER

Solche textilfreien Gummibänder schneiden nicht ins Haar, da sie flach sind. Stellen Sie sich selbst welche mit Gummiband aus der Kurzwarenabteilung her.

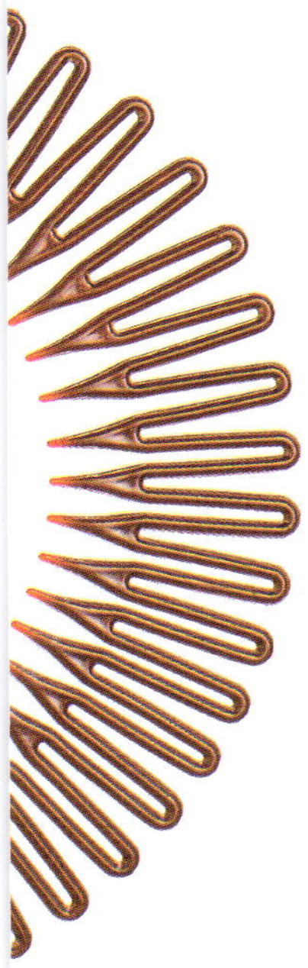

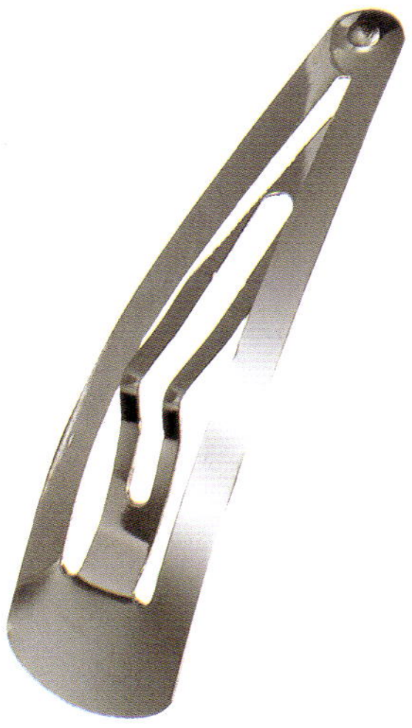

HAARCLIPS

Solche Haarclips sind sicherer als Haarklammern. Damit können Sie das Haar teilen, wenn es strähnchenweise trocknen soll, oder aus dem Gesicht halten.

HAARBINDER

Ziehen Sie einen Pferdeschwanz durch ein geschlossenes Gummiband, strapazieren Sie Ihr Haar. Solche Haarbinder können Sie um das Haar wickeln.

KROKODILKLAMMER

Mit diesen durch leichten Druck zu öffnenden Spangen lassen sich einzelne Haarsträhnen wegstecken.

FLACHE DÜSE

Wenn es schnell gehen muß, stellt eine Flachdüse eine präzise zu dirigierende Wärmequelle von den Haarwurzeln bis zu den Spitzen dar.

SCHAUMSTOFFWICKLER

Diese Wickler halten von allein, Sie brauchen sich also nicht mit Nadeln und Klammern abzumühen. Mit großen Wicklern läßt sich am besten Fülle erzeugen.

KAMMSPANGEN

Auch sie sind überaus praktisch, um das Haar hochzustecken und aus dem Gesicht zu halten. Kammspangen sind besonders hilfreich bei langem Haar.

DIE WICHTIGSTEN

Utensilien

Voraussetzung für erfolgreiches Styling ist das richtige Werkzeug für Ihre Frisur. Bürsten, Düsen, Clips und Kämme können das Endergebnis entscheidend positiv beeinflussen.

RUNDBÜRSTE

Mit diesem äußerst nützlichen Styling-Werkzeug können Sie das Haar während des Fönens fassen und glattziehen.

DIFFUSER-DÜSE

Solche Düsen arbeiten mit niedrigeren Temperaturen; Sie haben also Zeit zum Stylen. Mit den Noppen können Sie das Haar auch anheben.

GLÄTTEISEN

Eine gute Sache für den hocheleganten Abendlook – selbst bei von Natur aus glattem Haar. Das Eisen bändigt gespaltene Spitzen und neue Haare und glättet krause. Starke Glätteisen verwandeln selbst lockiges Haar.

TROCKENES, KRAUSES HAAR

siehe Seite 21

Haar wie das von Arabella ist gar nicht so schwer zu handhaben, wie es scheint. Mit den richtigen Produkten und der richtigen Technik läßt sich auch **trockenes, krauses Haar** in glattes, glänzendes verwandeln. Regelmäßiges Nachschneiden sollte selbstverständlich sein, damit das Haar gesund bleibt. Wichtig sind auch Produkte mit **UV-Filter**, die das Haar vor der Sonne schützen.

Widerstehen Sie der Versuchung, das Haar nach dem Waschen trokkenzurubbeln, das stellt die den Haarschaft umgebenden Häutchen auf und läßt das Haar rauher und noch trockener erscheinen. **Drücken** Sie es nur leicht mit dem Handtuch aus, und fahren Sie nie mit dem Kamm durchs nasse Haar – das Haar wird gedehnt und kräuselt sich anschließend erst recht. Wollen Sie Ihr Haar einmal richtig mit **Feuchtigkeit** versorgen, geben Sie etwas Olivenöl auf das trokkengetupfte Haar, wickeln Sie ein Handtuch darum, und lassen Sie das Öl 45 Minuten einwirken. Waschen Sie es anschließend gründlich aus.

Vermeiden Sie

Volumen-Shampoos und -Spülungen

Spray und Schaum auf Alkoholbasis; sie können austrocknend wirken

Bevorzugen Sie

Styling-Gels und Intensivkuren

textilummantelte Gummibänder, die das Haar nicht schädigen

alkoholfreie Styling-Produkte

SCHNITTE

Hat das Haar rundum dieselbe Länge, treten die für trockenes Haar typischen Probleme noch deutlicher zutage, vor allem, wenn es lang ist. Bei leicht abgestuftem Haar dagegen ist die Silhouette weicher und das Problem trockener Spitzen geringer. Das Haar wellt sich, anstatt sich zu kräuseln.

FARBEN

Pflanzliche Färbemittel und natürliche Farben auf Pflanzenbasis sind ideal für eher trockenes Haar, da es Glanz erhält, ohne durch chemische Färbemittel mit Peroxid oder Ammoniak belastet zu werden.

STYLING-TIPS

Profitieren Sie von den neu entwickelten Produkten, die krauses Haar bändigen. Wirkstoffkonzentrate, die im Haar verteilt und nicht wieder ausgewaschen werden, schaffen eine glatte Oberfläche. Gehen Sie jedoch sparsam damit um. An wirklich schlimmen Tagen zähmen Sie Ihr krauses Haar mit etwas Gel oder Pomade.

TIP Benutzen Sie Pflegekonzentrate nur, wenn an den Haarwurzeln zuviel Fett produziert wird. Zuerst in die Spitzen kneten und dann auf das Haar streichen.

schönes Haar

FEINES, FLIEGENDES HAAR

siehe Seite 20

Feines Haar wie das von Jo ist meist sehr glatt, und auch wenn Sie das vor Probleme stellen kann, ist es in der Regel einfach zu **pflegen.** Sobald Sie ihm zusätzliche Fülle gegeben und dafür gesorgt haben, daß es nicht mehr fliegt, sieht es äußerst elegant und gepflegt aus. Allzu lang sollte es allerdings nicht sein. Feines Haar ist einfach nicht schwer genug, um glatt über die Schultern zu fallen; es liegt meist etwas verloren auf, weshalb es maximal schulterlang bleiben sollte. Ein sanfter **Stufenschnitt** sieht nicht nur gut aus, er kann auch den Haaren an der Wurzel den nötigen Stand geben.

Häufiges Waschen ist für feines Haar oftmals von Nachteil, da es danach noch mehr fliegt als vorher. Wenn Sie es dagegen ein oder zwei Tage in Ruhe lassen, wirkt es voller. Volumen-Schaum, nur an den Haarwurzeln aufgetragen, gibt dem Haar den **Stand,** den dickeres Haar von alleine hat. Der alte Profi-Trick, das Haar **kopfüber zu trocknen,** kann ebenfalls hilfreich sein.

Vermeiden Sie

schwere Conditioner; sie machen Ihr Haar noch schlaffer

Kämme und Bürsten aus Nylon; sie können das Haar statisch aufladen

Bevorzugen Sie

antistatische Conditioner für extra starken Halt

Volumen-Shampoo und -Schaum für mehr Fülle

Glanzlotionen, die dem Haar einen gläsernen Schimmer geben

SCHNITTE

Stufenschnitte lassen das Haar dicker erscheinen. Keilförmige Schnitte und schlichte Bubiköpfe sind ebenfalls gut geeignet; sie bringen Schwung und Bewegung in feines Haar. Ungleichmäßige, durchstrukturierte Schnitte würden nicht halten. Entscheiden Sie sich für eine Frisur, die Glätte und Glanz betont und Fülle gibt.

FARBEN

Etwas Farbe kann bei feinem Haar Wunder bewirken. Helle und dunkle Strähnchen geben Tiefe und täuschen Stand und Fülle vor, und Farbspülungen lassen feines, glattes Haar schöner werden, indem sie ihm zusätzlichen Glanz verleihen.

STYLING-TIPS

Wenn Sie Volumen-Schaum auftragen, teilen Sie das Haar; nur so können Sie sicher sein, daß er überall dicht an den Wurzeln wirken kann. Stecken Sie einen Diffuser auf Ihren Fön, und fahren Sie mit den Noppen durchs Haar. Das gibt zusätzliche Fülle.

TIP Sprühen Sie Haarspray nicht direkt aufs Haar, sondern auf die Bürste. Sie verteilt es gleichmäßig, und es entsteht ein natürliches Finish.

schönes Haar

FETTIGES STRÄHNIGES HAAR

siehe Seite 21

Fettiges Haar wie das von Susanna ist ererbt und genau wie fettige Haut in hohem Maß von der Aktivität der **Hormone** im Körper abhängig. Aggressive Produkte, die die natürlichen Fette herausziehen, regen lediglich die Talgdrüsen in der Kopfhaut an, den Verlust durch verstärkte **Talgproduktion** auszugleichen. Anti-Schuppen-Shampoos sind ebenfalls oft aggressiv. Massieren Sie, wenn Sie unter Schuppen leiden, lieber einige Tropfen Teebaumöl in die Kopfhaut ein.

Fettiges Haar sollte nicht mit zu heißem Wasser gewaschen werden, da dies die Talgproduktion ebenfalls anregt. Nehmen Sie **lauwarmes** Wasser, und brausen Sie wenn möglich Ihr Haar nach dem letzten Ausspülen mit kaltem Wasser ab. Die meisten Conditioner sind zu **schwer** für fettiges Haar. Wählen Sie eine leichte Spülung, und behandeln Sie nur die Spitzen damit. Die Hitze von Fön und anderen heizbaren Styling-Geräten tut Ihrem Haar nicht gut. Und auch zu häufiges Bürsten regt die Talgproduktion an.

Vermeiden Sie

Streß, der die Talgproduktion anregt
Creme-Spülungen
zu häufiges Bürsten und Ähnliches, das die Talgproduktion verstärkt

Bevorzugen Sie

milde Shampoos für häufiges Waschen
leichte Sprüh-Conditioner, die das Haar entwirren
Styling-Schaum; er gibt der Frisur Volumen

SCHNITTE

Zuviel Fett kann Ihr Haar strähnig und kraftlos machen, und Schnitte mit gleich langem Haar verschlimmern diesen Eindruck noch. Versuchen Sie es mit kräftigen Abstufungen; sie geben Fülle und bringen Bewegung ins Haar. Die einzelnen Haare liegen nicht direkt auf der Wurzel. So kann Luft zirkulieren.

FARBEN

Helle und dunkle Strähnchen machen sich bei fettigem, strähnigem Haar gut. Durch das leichte Ausbleichen wird das Haar etwas trockener, und die Strähnchen wirken der Eintönigkeit entgegen, die einen fettigen Haaransatz noch offensichtlicher zu machen scheint.

STYLING-TIPS

Wenn Sie das Haar an den Wurzeln mit den Fingern trocknen, kann die fettige Kopfhaut nicht überhitzt werden; außerdem gibt das Stand und Fülle. Vergessen Sie nicht, Ihre Styling-Utensilien, Bürsten und Kämme unbedingt einmal pro Woche in lauwarmem Wasser mit etwas mildem Shampoo auszuwaschen.

TIP Um Hitzeschäden zu vermeiden, behandeln Sie die Haarspitzen vor dem Styling mit etwas Conditioner, der nicht ausgewaschen werden muß. Das nährt und schützt die Spitzen.

schönes Haar

TIPS

Richtiges Fönen

So gelingt Ihnen ohne Mühe das gepflegte Finish professionell geföhnter Haare.

1 Waschen Sie Ihr Haar, gönnen Sie ihm eine Spülung, und trocknen Sie es mit dem Handtuch vor. Entfernen Sie mit einem feingezahnten Kamm Knoten und Verschlingungen, und tragen Sie dann ein Styling-Produkt mit Hitzeschutz auf.

2 Teilen Sie Ihr Haar in drei oder vier dicke Strähnen. Das braucht vielleicht etwas Zeit, aber Sie können sich dann auf einen Kopfteil nach dem anderen konzentrieren und müssen nicht versuchen, alles auf einmal in den Griff zu bekommen. Die Strähnen, die noch nicht dran sind, so an den Kopf klammern, daß sie nicht stören.

TIPS

Mehr Volumen

Selbst feines, strähniges Haar kann mit den richtigen Produkten und Techniken Fülle bekommen.

1 Waschen Sie das Haar mit Volumen-Shampoo und -Spülung, und trocknen Sie es mit dem Handtuch vor. Tragen Sie ein volumengebendes Styling-Spray oder Gel auf, und teilen Sie das Haar in dickere Strähnen. Alle Produkte sollten hitzeverträglich sein.

GEHEIMNISSE DER

Profi-Klasse

Stecken Sie eine flache Düse auf Ihren Fön, damit Sie die Hitze genau lenken können. Bürsten Sie dann eine Haarsträhne von den Wurzeln bis zu den Spitzen mit einer Rundbürste, wickeln die ganze Strähne um die Bürste und ziehen das Haar vorsichtig glatt, während Sie mit der anderen Hand fönen. Das gibt Ihrem Haar einen sanften Schwung.

Nehmen Sie sich eine Strähne nach der anderen vor, wickeln Sie sie um die Bürste, und ziehen Sie das Haar während des Fönens glatt. Zum Schluß die Haarwurzeln kurz kopfüber mit einer warmen Luftdusche trocknen. Jetzt brauchen Sie Ihr top-gepflegtes Haar nur noch zu bürsten.

Legen Sie einen Satz großer Schaumstoffwickler bereit, und wickeln Sie eine Strähne nach der anderen um die Wickler. Das Haar zwischen zwei Fingern glattziehen, aufdrehen und die Wickler wenn nötig feststecken.

Trocknen Sie das Haar langsam mit einem Diffuser, der einen gleichbleibend warmen Luftstrom garantiert. Danach nehmen Sie die Wickler heraus, beugen sich vornüber, besprühen Ihr Haar kurz mit Styling-Spray und bürsten vorsichtig die Spitzen.

TIPS

Die »Banane«

Dieser klassische Haarknoten sieht elegant aus und ist im Handumdrehen fertig.

Langes oder mittellanges Haar eignet sich für diese Hochsteckfrisur am besten. Bürsten Sie das Haar, und halten Sie es dann wie für einen Pferdeschwanz am Hinterkopf zusammen.

Fassen Sie das Haar dicht am Kopf, lassen Sie die Hände langsam zu den Spitzen gleiten, und zwirbeln Sie das Haar dabei. Sind Sie an den Spitzen angelangt, drehen Sie den Haarstrang zum Kopf hin; die Spitzen zeigen nach oben.

TIPS

Der Kurzhaarschnitt

Ein frecher Kurzhaarschnitt läßt sich für den Abend ganz einfach aufpeppen.

Wärmen Sie etwas Pomade, Haarwachs oder Gel zwischen den Handflächen an. Für einen wirklich aufsehenerregenden Look eignet sich Pomade mit Glitzereffekt. Kneten Sie sie von den Wurzeln zu den Spitzen hin ins Haar.

GEHEIMNISSE DER

Profi-Klasse

Stecken Sie das obere Ende des Haarstrangs mit einer dekorativen Spange am Oberkopf fest. An der eingeschlagenen Seite wird der Strang mit Haarklammern am Hinterkopf festgesteckt.

Besprühen Sie zum Schluß Ihre Finger mit etwas Haarspray, und glätten Sie damit das Haar an den Seiten. Haben Sie sämtliche Strähnen mit Spray gezähmt, drücken Sie sie gut an, oder stecken Sie sie in die Banane.

Ziehen Sie danach mit einem feingezahnten Kamm einen tiefen Seitenscheitel. Glätten Sie das Haar auf beiden Seiten mit dem Kamm und den Handflächen.

Krönen Sie das Ganze, wenn Sie mögen, mit einer Spange auf der anderen Stirnseite. Eine Spange mit Glitzersteinchen oder eine aus Perlmutt wirkt mädchenhaft frech.

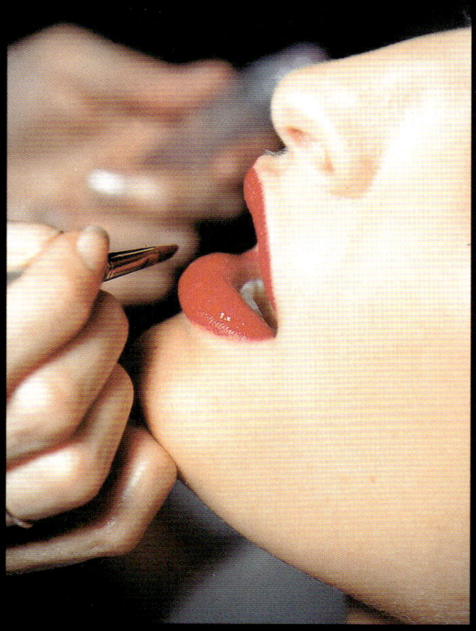

Tips & Tricks

Kauf-
BERATUNG

Kosmetikkäufe können zu einer traumatischen Erfahrung werden. Bei der riesigen Auswahl ist es nicht verwunderlich, wenn man gelegentlich das Falsche erwischt. Das kommt selbst bei Experten vor.

Von den beschriebenen Schönheitstypen wird sich die Sammlerin am ehesten zu einem Spontankauf hinreißen lassen, weshalb zu Hause die Schubladen dann häufig überquellen vor kaum benutzter Lippenstifte und Lidschatten. Der chaotischen Frau kann es ebenfalls passieren, daß sie unüberlegt einkauft. Da ihr so vieles gefällt, tut sie sich schwer damit, eine einheitliche Linie in ihre Schminkutensilien zu bringen. Sollten Sie zu diesem Typ gehören, versuchen Sie beim nächsten Einkauf, auch wenn es noch so verlockend ist, schimmerndes Glitzer-Make-up zu ignorieren, wenn Sie eigentlich auf der Suche nach einem Produkt mit mattierendem Effekt sind.

Die anderen beiden Schönheitstypen sind eher in der Lage, mit der überwältigenden Vielfalt in Parfümerien umzugehen. Die Minimalistin weiß genau, was sie will, und ist stolz auf ihre halbleere Kosmetiktasche, während die konservative Frau das Geschäft nur betritt, um ihre altbewährten Lieblingsprodukte zu kaufen.

Für die meisten Frauen liegt das Problem jedoch in der schier unendlichen Flut an Kosmetika. Sie sollten nie vergessen, daß eine Verkäuferin zwar da ist, um Sie zu beraten, aber eben auch, um ihre Produkte zu verkaufen, und zwar so viele wie möglich. Sonderangebote stellen eine weitere Versuchung dar, doch die kluge Käuferin gibt ihr nur nach, wenn sie das jeweilige Produkt auch wirklich braucht. Ist das nicht der Fall, bleiben Sie bei Ihrer wohlüberlegten Einkaufsliste. Wollen Sie Neues ausprobieren, eignen sich Sondergrößen und Proben dazu viel besser.

ETWAS NEUES WAGEN

Wenn es Ihnen nichts ausmacht, sich im Kaufhaus schminken zu lassen, versuchen Sie es doch einmal mit einem neuen Look. Das ist eine gute Gelegenheit, sich in die Hände eines Profis zu begeben, der Sie mit ganz neuen Augen sieht. Ohne Kaufzwang können Sie Farben und Texturen ausprobieren, an die Sie sich sonst nie herangewagt hätten.

Fühlen Sie sich am Ende der Sitzung nicht verpflichtet, etwas zu kaufen. Bitten Sie die Kosmetikerin statt dessen, Ihnen noch einmal alle Farben und Produkte zu nennen, die sie verwendet hat. Die meisten Firmen haben Musterblätter, auf denen gezeigt werden kann, was wo aufgetragen wurde. So können Sie vor einem Kauf in Ruhe prüfen, wie die Farben im Tageslicht an Ihnen wirken.

SCHÖNHEIT AUS DEM REGAL

Kosmetikabteilungen mit Selbstbedienung sind der ideale Ort, um Neues auszuprobieren. Selbstbewußte Frauen nehmen sich die Freiheit, die bereitgestellten Farbproben zu testen, ohne das wachsame Auge der Verkäuferin im Nacken zu spüren, und Neulinge auf dem Schönheitssektor trauen sich auch eher zu experimentieren, wenn Sie nicht ständig um Erlaubnis bitten müssen. Beim Kauf einer neuen Foundation sollten Sie hier allerdings vorsichtig sein. In vielen Parfümerien dürfen Sie sich eine Foundation-Probe abfüllen, die Ihnen daheim einige Tage reicht. Fragen Sie das Personal danach, und nutzen Sie vor Ihrem nächsten Kauf die Möglichkeit, in Ruhe zu Hause ausprobieren zu können.

Bevor Sie irgendwelche Pflegeprodukte kaufen, sollten Sie über Ihre eigene Haut Bescheid wissen. Selbst wenn Sie nicht ganz genau wissen, welcher Hauttyp Sie sind, kennen Sie Ihre Haut doch besser als jeder andere. Wichtig ist, daß Sie ihre typischen Eigenschaften genau wiedergeben können. Jede Haut ist anders. Bedenken Sie das, und blättern Sie für weitere Anregungen noch einmal zurück zu den Kapiteln Hautanalyse (s. S. 15) und Hautpflege (s. S. 24).

Weniger ist mehr, das gilt normalerweise auch für die Hautpflege. Kaufen Sie deshalb nicht gleich sämtliche Produkte einer Pflegeserie. Beginnen Sie mit einem oder zwei, und warten Sie ab, wie Ihre Haut darauf reagiert. Nehmen Sie am Anfang die kleinste Packungsgröße, und räumen Sie neuen Produkten – solange Sie keine negativen Reaktionen hervorrufen – eine einmonatige Testphase ein, bevor Sie Stärken und Schwächen endgültig gegeneinander abwägen.

Neue Farben ausprobieren

- Nehmen Sie ein sauberes Blatt Papier mit, wenn Sie eine neue Lippenstiftfarbe kaufen wollen, vor allem wenn sie zu einem bestimmten Kleid passen soll. Lidschattenmuster lassen sich auf dieselbe Weise mit nach Hause nehmen. Dort können Sie bei Tageslicht in aller Ruhe ausprobieren, ob die Farben zu Ihnen passen.
- Die Deckkraft von Foundation läßt sich oft an ihrem Fließverhalten ablesen. Drehen Sie die Testflaschen also vorsichtig um. Dünnere, schnellfließende Produkte sind in der Regel weniger stark deckend als dickere.
- Foundation läßt sich eigentlich nur auf dem Gesicht wirklich testen, dort soll sie schließlich auch getragen werden. Alternativ sind auch der Hals oder die Innenseite des Arms möglich, falls Sie zum Einkaufen schon Foundation tragen. Hände sind in der Regel etwas dunkler als das Gesicht, daran sollten Sie sich besser nicht orientieren.
- Kunstlicht stellt in den Geschäften das größte Problem dar. Foundation-Farben unter diesen Bedingungen richtig einzuschätzen ist praktisch unmöglich, was es folglich auch schwierig macht, den richtigen Ton für Ihre Haut zu finden. In den meisten Kaufhäusern befinden sich die Kosmetikabteilungen jedoch im Erdgeschoß in der Nähe des Ausgangs. Am besten tragen Sie etwas Foundation auf und gehen nach draußen, um die Farbe bei Tageslicht zu prüfen.
- Die meisten Firmen bieten inzwischen kleine Fläschchen Nagellack an, was für die In-Farben der Saison optimal ist. Klassische, dezente Töne können Sie in größeren Fläschchen kaufen. Sie sind zwar nicht unbedingt aufregend, dafür aber vielseitig verwendbar, was sie in Ihrer Kosmetiktasche unentbehrlich macht.

FRAGEN Probleme LÖSUNGEN

Ich leide unter stark geschwollenen Augen. Gibt es rasche Hilfe für mich?

Daß Sie in letzter Minute etwas gegen geschwollene Augen tun müssen, sollte nicht die Regel sein. In Notfällen können Sie zwei gekühlte Teelöffel einige Sekunden mit der gebogenen Seite nach unten auf die geschlossenen Augen legen. Haben Sie etwas mehr Zeit, tauchen Sie zwei Beutel Kamillentee in kochendes Wasser, lassen sie auskühlen und legen sie dann einige Minuten auf die Augen.

Wie kann ich herausfinden, ob ich einen warmen oder kalten Hautton habe?

Halten Sie zuerst ein nicht zu kleines Stück Silberpapier oder Stoff an Ihr Gesicht, dann ein goldfarbenes Stück. Warme Hauttöne sehen neben dem Goldpapier am besten aus, während den kalten das Silberpapier schmeichelt. Es lohnt sich herauszufinden, welchen Hautton Sie haben, da Sie erst dann die für Sie passenden Farben aussuchen können. Rot- und Orangetöne passen gut zu warmen Hauttönen, blaurote zu kühleren.

Auf meinen Wangen haben sich rote Flecken gebildet. Die Stellen sind auch etwas uneben. Was kann die Ursache sein?

Das klingt nach Acne rosacea, einer Form der Akne, die bei Frauen häufiger vorkommt als bei Männern, da ihre Haut dünner und zarter ist. Wie bei allen Formen der Akne sollten Sie so bald als möglich Ihren Hausarzt aufsuchen. Er wird Ihnen milde Antibiotika verschreiben, die verhindern, daß es schlimmer wird. Stärkere Antibiotika, die für gravierendere Formen der Akne heute allgemein eingesetzt werden, sind sehr erfolgreich, wenn sie früh genug genommen werden.

Meine Haut ist plötzlich empfindlich und juckt. Woran liegt das?

Wenn die Irritationen Ihrer Haut erst vor kurzem aufgetreten sind und Sie keine neuen Pflegeprodukte verwenden, prüfen Sie einmal Ihr Parfüm. Parfüm kann allergische Reaktionen hervorrufen, die Haut juckt und reagiert empfindlich. Bestimmte Lebensmittel, Zentralheizung und Klimaanlage können ebenfalls zu Hautreizungen führen. Versuchen Sie, sämtliche möglichen Verursacher auszuschalten und einen nach dem anderen wieder zuzulassen, um den Übeltäter zu entlarven.

Haut

Gesicht

Wie sehe ich, ob ich beim Schminken allen Gesichtszügen gerecht werde?

Treten Sie einen Schritt zurück, und betrachten Sie sich in aller Ruhe. Um möglichst genau arbeiten zu können, schminken wir uns in der Regel dicht vor dem Spiegel. Das macht es schwierig, das Gesamtbild zu beurteilen. Wenn Sie sich aus einer gewissen Entfernung betrachten, können Sie besser abschätzen, ob Sie bestimmte Gesichtszüge auf Kosten anderer zu sehr betonen.

Mit welchen Schminktechniken kann ich meinen kleinen`Mund optisch vergrößern?

Bevor Sie sich mit dem Konturenstift einen Schmollmund malen, versuchen Sie es einmal mit dem Marilyn-Monroe-Trick, und tragen Sie eine Lippenstiftfarbe in verschiedenen Abstufungen auf. Die Monroe soll fünf Rottöne getragen haben, doch zwei genügen auch schon. Tragen Sie den dunkleren Ton außen auf, und zwar soweit in die Lippenkontur wie möglich; es darf allerdings nicht unnatürlich aussehen. Der hellere Ton kommt dann in die Mitte der Lippen. Tupfen Sie noch etwas Lipgloss direkt auf die Mitte. Das läßt die Lippen auch ohne starke Konturen voller erscheinen.

Ich habe ein fliehendes Kinn. Was kann ich dagegen tun?

Es gibt viele Möglichkeiten, diesem Problem abzuhelfen. Wenn Sie sich das Haar zu einem nach vorn fallenden, kinnlangen Pagenkopf schneiden lassen, bringt das klare Linien und Schatten in Ihre Problemzone, und das Gesicht setzt sich deutlich vom Hals ab. Mit kräftigen Farben können Sie die Aufmerksamkeit auf Ihre Lippen lenken oder die Augen besonders hervorheben und zum Mittelpunkt Ihres Gesichts machen.

Es gibt auch ein paar Schminktechniken, die Sie ausprobieren können, doch sparen Sie sich diese für den Abend auf, und gehen Sie unbedingt umsichtig vor. Tupfen Sie etwas mattrosa Rouge unter Ihr Kinn, und verstreichen Sie es V-förmig zu den Seiten hin. Sind die Übergänge zu deutlich sichtbar, stäuben Sie etwas transparenten Puder darüber. Tragen Sie dann in einem nach unten offenen Halbkreis noch etwas Aufheller auf die Kinnmitte auf. Das funktioniert deshalb, weil helle Töne die entsprechenden Stellen nach vorn bringen und dunklere sie optisch zurückweichen lassen.

Gibt es irgendwelche Tricks, wie ich durch Schminken meine Nasenform verändern kann?

Die Nase mit Schatten zu modellieren, damit sie schmaler aussieht, ist für Models geeignet, für den Alltag jedoch nicht zu empfehlen. Graue Schatten in diesem Bereich könnten noch betont werden, und die Nasenwurzel wirkt womöglich breiter, als sie ist. Einen Trick können Sie jederzeit versuchen: Tupfen Sie etwas beigerosa Rouge unter die Nasenspitze, das läßt eine sehr lange Nase kürzer aussehen.

Meine Augen fallen nach außen hin stark ab, so daß ich immer müde aussehe. Läßt sich das korrigieren?

Mit der richtigen Schminktechnik können Sie Ihre Augen beträchtlich »heben«; ein operativer Eingriff ist also absolut unnötig. Wenn Sie Eyeliner am äußeren Lid leicht nach oben hin auslaufen lassen, hat das schon eine enorme Wirkung. Ein weiterer wirkungsvoller Trick ist, mit dem Wimpernformer nur die äußeren Wimpern nach oben zu biegen, bevor Sie Mascara auftragen. Nehmen Sie beim Brauenzupfen am unteren Rand außen etwas mehr Haare weg als innen, auch das hebt die Augen optisch.

Wie kann ich meinen Pony herauswachsen lassen, ohne in der Zwischenzeit wie eine Vogelscheuche auszusehen?

Versuchen Sie den Pony und zusätzlich das Haar an den Schläfen abzustufen, um einen fließenden Übergang zu schaffen. Oder Sie streichen das Haar mit Gel zurück und halten es mit einem schmalen Haarreif aus dem Gesicht.

Auf einer Seite rollt sich mein Haar nach innen, wie es sein soll, auf der anderen dagegen nach außen. Was kann ich tun?

Es mag merkwürdig klingen, doch dieses Problem läßt sich am ehesten lösen, indem Sie das noch feuchte Haar über einer Rundbürste trocknen und die Spitzen nach außen drehen. Wenn es fast trocknen ist, drehen Sie den Spieß um und bürsten es nach innen. Der Schwung wird verstärkt und hält länger.

Styling-Produkte lassen mein Haar immer so schwer werden. Mache ich einen Fehler bei der Anwendung?

Wahrscheinlich tragen Sie sie nicht gleichmäßig und zu großzügig auf. Verwenden Sie Gel oder ein Wirkstoffkonzentrat, beginnen Sie mit einem Klecks von der Größe eines Markstücks. Bei Schaum können Sie etwas mehr nehmen, doch verteilen Sie lieber kleinere Mengen im Haar als alles auf einmal. Geben Sie Styling-Produkte immer erst in die Handfläche, und wärmen Sie sie etwas an, bevor Sie sie im Haar verteilen.

Stimmt es, daß Körperpuder gut gegen fettiges Haar ist?

Der alte Trick, mit etwas Körperpuder fettiges Haar trockener erscheinen zu lassen, ist nur ratsam, wenn Sie von Natur aus blondes oder dunkelblondes Haar haben. Brünette sollten die Finger von Körperpuder lassen, da ihr Haar damit grau aussieht. Binden Sie Ihr Haar lieber zu einem Pferdeschwanz zusammen, oder stylen Sie es im Wet-Look, dann fällt es nicht so auf, daß es fettig ist.

Ich finde mein Haar langweilig. Was kann ich dagegen tun?

Wechseln Sie den Friseur. Der Mensch ist ein Gewohnheitstier und bewegt sich gern auf ausgetretenen Pfaden. Doch wenn Sie sich aus diesen herauswagen, kann das einen völlig neuen Look für Sie und Ihr Haar bedeuten.

Eine neue Haarfarbe ist ebenfalls eine Möglichkeit. Seit die Farbauswahl und die Auswahl an Produkten, die sich wieder auswaschen lassen, immer größer wird, braucht einem die Entscheidung nicht mehr so schwerzufallen, und das Haar kann davon profitieren. Denken Sie aber daran, daß eine neue Haarfarbe eventuell auch neue Make-up-Farben erfordert. Stellen Sie sich also auf eine Rundumerneuerung ein.

Haar

Make-up

Was muß ich tun, damit meine Lippen länger glänzen?

Als Alternative zu einem hochglänzenden Lippenstift versuchen Sie es für dauerhaften Glanz mit einer Schicht Lippenstylo und darüber farblosem Lipgloss.

Kann ich meine Lippenfarbe ändern, ohne die Lippen abzuschminken?

Wenn Sie plötzlich das Gefühl haben, Ihre Lippenfarbe sei zu kräftig, und Sie haben keinen anderen Stift dabei, tupfen Sie ganz sparsam Abdeckcreme auf die Lippen, und pressen Sie sie zusammen, damit die Farben sich vermischen. Das funktioniert schnell und sicher.

Muß ich, wenn mir beim Auftragen von Foundation oder Abdeckcreme oder beim Augen-Make-up etwas danebengeht, wieder von vorn anfangen oder kann ich die Fehler vertuschen?

Es ist nicht immer nötig, wieder ganz von vorn anzufangen. Haben Sie zuviel Abdeckcreme aufgetragen, befeuchten Sie einfach einen Finger oder etwas Watte und wischen Sie vorsichtig darüber. Dasselbe können Sie auch bei der Foundation machen, nur mit einem feuchten Schwämmchen anstatt mit Watte. Im Unterschied zu einem Make-up-Entferner auf Ölbasis nimmt Wasser nur einen Teil ab. Wenden Sie diese Technik auch zum Abtönen eines zu grellen Lidstrichs an. Zur Korrektur eines zu kräftigen Lidschattens benutzen Sie ein trockenes, sauberes Watte-Pad oder einen Puder-Applikator mit flaumiger Oberfläche statt Borsten und nehmen damit vorsichtig überschüssige Farbe ab.

Beim Auftragen von Mascara ruiniere ich regelmäßig mein Make-up. Wie kann ich das verhindern?

Um zu vermeiden, daß beim Auftragen von Mascara auf die unteren Wimpern Kleckse auf die Haut gelangen, legen Sie einen Spiegel flach auf den Tisch, und beugen Sie sich darüber. Der Abstand zwischen Wimpern und Haut ist jetzt größer, und Sie haben mehr Spielraum, um mit der Mascarabürste zu arbeiten.

Mein Lidstrich ist immer verwackelt. Was kann ich tun, damit er gleichmäßiger wird?

Einen sauberen, gleichmäßigen Lidstrich erreichen Sie, wenn Sie die Haut an den Augenwinkeln leicht nach außen ziehen, damit das Lid selbst möglichst glatt ist. Arbeiten sie dann von außen nach innen und nicht umgekehrt, so ist es leichter, einen dünnen, sauberen Strich zu ziehen.

Mein Lippenstift läuft immer in die feinen Linien um den Mund. Was kann ich dagegen tun?

Ein wenig Lippenbalsam um den Mund herum aufgetragen, aber nicht auf den Lippen, verhindert, daß Ihr Lippenstift ausblutet. Die wächsernen Öle in dem Balsam bilden eine Barriere, die den Lippenstift aufhält.

MAKE-UP IN
Minuten

Der heutige Lebensstil erlaubt kaum noch zeitaufwendige Frisier- und Schminkprogramme. Mit der richtigen Ausrüstung und ein paar Profi-Tips können Sie in wenigen Minuten elegant und gepflegt aussehen.

Zehn-Minuten-Make-up

Gesicht Nehmen Sie sich etwas Zeit für das Auftragen und Verstreichen Ihrer Abdeckcreme, dann können Sie auf die Foundation verzichten und statt dessen durchscheinenden, mattierenden Puder auftragen.

Augen Ein graubrauner Lidschatten gehört zur Grundausstattung. Verteilen Sie ihn auf dem oberen Lid, besonders intensiv in der Lidfalte. Alternativ können Sie das Auge oben und unten auch mit Eyeliner in einer gedeckten Farbe – vorzugsweise grau oder mittelbraun – einrahmen. Verstreichen Sie die Ränder leicht mit den Fingerspitzen, und tragen Sie zum Schluß noch eine Schicht Mascara auf. Wenn Sie noch Zeit haben, setzen Sie den Wimpernformer an.

Lippen Tragen Sie Lippenbalsam auf, und füllen Sie die Lippen mit einem Konturenstift aus. Sie brauchen keine Pinsel und zig verschiedene Produkte, um sauber geschminkte Lippen zu bekommen.

Fünf-Minuten-Make-up

Gesicht Fünf Minuten mögen unwahrscheinlich kurz klingen, doch man kann viel erreichen in dieser Zeit. Tragen Sie zuerst Feuchtigkeitscreme und danach Abdeckcreme auf. Wenn Sie dies sorgfältig tun, sieht Ihr Gesicht gepflegt aus, noch bevor Sie irgendeine Farbe aufgetragen haben. Arbeiten Sie bei gutem Licht, um das Resultat genau prüfen zu können.

Lippen und Brauen Einen kräftigen Lippenstift aufzutragen dauert zu lang. Verwenden Sie deshalb farbloses oder leicht getöntes Lipgloss. Nehmen Sie mit einer Brauenbürste etwas von dem Gloss auf, und bürsten Sie es in die Brauen – Brauen sind einer der Schlüssel zu gepflegtem Aussehen.

Wimpern Tragen Sie Mascara auf, und kämmen Sie einmal durch.

Wangen und Augen Nachdem die Feuchtigkeitscreme eingezogen ist, können Sie Rouge in fließenden, kreisförmigen Bewegungen auf die Wangenknochen auftragen. Verteilen Sie etwas von dem Rouge auch auf Augenlidern und Brauenknochen, sehen Sie perfekt geschminkt aus.

Eine-Minute-Make-up

Einer für alles Es reicht selbst eine Minute, um Ihr Gesicht mit etwas Farbe aufzufrischen – vorausgesetzt Sie haben die richtigen Utensilien. Dicke Schminkstifte sind ideal für Lippen, Wangen und Augen, und ein gedecktes Rosa ist am vielseitigsten verwendbar. Ziehen Sie damit zuerst einen Lidstrich, und verstreichen Sie ihn mit den Fingern nach oben. Tupfen Sie etwas auf die Wangen, und verstreichen Sie es ebenfalls mit den Fingern. Zum Schluß ziehen Sie die Kontur der Lippen nach und füllen diese mit Farbe aus.

Erste Hilfe: Tag

Gloss Leicht getönt oder farblos.
Graubrauner Lidschatten Ein kräftiger, mittlerer Ton.
Rosa Rouge Paßt praktisch zu allen Hauttönen und Situationen.
Dicker Schminkstift Eine kluge Investition, die in jede Tasche paßt.

Erste Hilfe: Abend

Schimmernder Bräunungspuder Ein wichtiges Utensil, schnell und einfach in der Anwendung. Tragen Sie es auf Wangenknochen, Schläfen, Schulter und Dekolleté auf, und Ihre Haut wirkt im Kunstlicht frisch und lebendig.
Lippenglanz Perlmuttener Glanz, der rasch mit den Fingerspitzen aufgetragen wird und fantastisch aussieht.
Volumengebende oder schimmernde Mascara Mehr braucht man nicht für ein aufregendes Augen-Make-up, und es ist in Sekunden aufgetragen.

Adressen

Versand

Le Club des Créateurs de Beauté
52048 Aachen
Telefonorder: 0180-5241313
Fax: 02464-994499
Internet: http://www.createurs-de-beaute-paris.com
Französische Schönheitsspezialisten bieten im Direktversand Produkte an, die sonst nicht zu bekommen sind.

Dr. Grandel GmbH
Pfladergasse 7–13
86041 Augsburg
Tel.: 0821-32020
Fax: 0821-3202179
Die pflegende Kosmetik für Gesicht und Körper kann sowohl über Versand als über den beratenden Fachhandel, d.h. Reformhäuser, Apotheken und Kosmetikinstitute, bezogen werden. Hauptaspekt der Firmenphilosophie ist der verantwortliche Umgang mit Umwelt und Ressourcen.

Yves Rocher
Albstadtweg 10
70567 Stuttgart
Telefonorder: 0180-52053
Internet: http://www.yves-rocher.de
Neben Schönheitsfachgeschäften mit Pflegeartikeln für Gesicht, Haut und Haar besitzt Yves Rocher auch einen Postversand und – für den ganz bequemen Einkauf – einen virtuellen Beauty-Shop im Internet.

Spinnrad GmbH
Am Burgpark 3
45899 Gelsenkirchen
Telefonorder: 0800-7746672
e-mail: info@spinnrad.de
Internet: http://www.spinnrad.de
Die Produktpalette von Spinnrad, das sich als Unternehmen für die Umwelt und soziale Verantwortung einsetzt, umfaßt sowohl Fertigkosmetik als auch Kosmetik zum Selbermachen. Wem der Gang zu einem der 200 Fachläden zu weit und der Versandweg zu umständlich ist, der kann alle Produkte auch einfach mit Mausklick im virtuellen Internet-Shop bestellen.

Vertrieb über Repräsentanten

Avon Cosmetics GmbH
Am Hart
85375 Neufahrn
Tel.: 08165-720
Fax: 08165-721226
Avon bietet dekorative und pflegende Kosmetik an, die über Avon-Beraterinnen oder den Postversand vertrieben werden.

NU SKIN Germany GmbH
Ginnheimer Straße 4
65760 Eschborn
Tel.: 06196-930450
Fax: 06196-930455
Internet: http://www.nuskin.com
Die Nu-Skin-Produktpalette umfaßt Pflegekosmetik für Haut und Haar sowie dekorative Kosmetik. Mit einer Ethnokosmetik-Linie bemüht man sich darum, das Kulturerbe bedrohter Völker zu schützen. Da weitestgehend auf die Verwendung von Duft- und Farbstoffen verzichtet wird, sind die Produkte sehr verträglich – bei Unverträglichkeit oder Nichtgefallen gibt es Rückgaberecht. Angeboten werden die Produkte ausschließlich über Repräsentanten.

Kosmetik-Hersteller

Hautpflege

Aveda Kosmetik
Naturkosmetik GmbH
Kurfürstendamm
10719 Berlin
Tel.: 030-88552757
Internet: http://www.aveda.com
Aveda tritt in seiner Unternehmensphilosophie für verantwortliches Denken und Handeln gegenüber der Natur und Umwelt ein. Dieses Anliegen und die Produktpalette der Naturkosmetik von Aveda für Haar, Körper und Make-up wird ausführlich auf der Homepage des Unternehmens vorgestellt, Fragen zu den Produkten werden beantwortet und Kurse wie Veranstaltungen angeboten.

Biotherm Kosmetik
Ein Geschäftsbereich der Parfums et Beauté Deutschland GmbH, Bonn
Biotherm Beratungs-Service
Postfach 105122, 28051 Bremen
Tel.: 01805-421422
Fax: 01805-421423
Internet: http://www.biotherm.de
»Aus der Quelle auf Ihre Haut« lautet der Firmenslogan von Biotherm. Denn Biotherm möchte nicht nur eine Marke, sondern ein Lebensgefühl sein. Entsprechend ist die Produktpalette angelegt: maßgeschneiderte Kosmetika für jeden Hauttyp und Pflegetips, die dem neuen Lebensstil aktiver Frauen entsprechen.

The Body Shop
Internet: http://www.the-body-shop.de
Der Body Shop ist bekannt für die ökologische und soziale Verträglichkeit seiner Produkte. Pflegeprodukte für Haut und Haar werden auf natürlicher Basis hergestellt und in einfachen Nachfüllbehältern verkauft. Eine Liste der 72 in Deutschland geführten Body Shops gibt es auf der Webseite.

Carita
Telefonhotline (Nobilis Cosmetics): 0611-928560
Carita bietet in Fachparfümerien Kabinenbehandlungen mit ihren Pflege- und Beautyprodukten an. Die nächstgelegene Carita-Parfümerie und Termine können über Nobilis Cosmetics erfragt werden. Die Produktpalette von Carita umfaßt dekorative Kosmetik sowie Pflegeprodukte für Gesicht, Körper und Haar.

Clarins
INSTITUT CLARINS
Promenadeplatz 9
80333 München
Tel.: 089-29015354
Telefonhotline: 08151-260359
Internet: http://www.clarins-paris.com
Die französische Kosmetikfirma Clarins vertreibt natürliche Hautpflegeprodukte für Gesicht, Körper sowie Sonnenschutz. Alle Kosmetika werden auf pflanzlicher Basis hergestellt und sind dermatologisch getestet. Auf der Homepage von Clarins finden sich viele Links zu interessanten Webseiten zum Thema Kosmetik und Wellness.

Clinique
(Estée Lauder Companies GmbH & Co)
Brienner Straße 26
80333 München
Tel.: 089-23686161
Fax: 089-2368611
Internet: http://www.clinique.com
Ein Blick auf die Homepage von Clinique lohnt sich. Dort wird nicht nur über die verschiedenen Produkte informiert, auch der eigene Hauttyp läßt sich per Mausklick bestimmen, Pflegetips werden gegeben, und im Online-Shop kann gleich das entsprechende Produkt bestellt werden - aber Achtung: da die Lieferung über den Umweg USA erfolgt, sind die

Produkte sehr teuer. Zudem bietet Clinique auch eine individuelle Farbberatung, das »Clinique Colour Coaching«, nach dessen Philosophie ein sicheres Farbgefühl durch die zu Hautton und Hauttyp passende Farbintensität entwickelt wird.

Juvena Produits de Beauté GmbH
Blütenfeldplatz
76526 Baden-Baden
Internet: http://www.juvena.com
Juvena stellt Pflegeprodukte für Gesicht und Körper sowie dekorative Kosmetik her, die in Parfümerien, Drogerien und Kaufhäusern erhältlich sind.

Kanebo
Willy-Brandt-Allee 18
65197 Wiesbaden
Tel.: 0611-88037
Fax: 0611-8803821
e-mail: kanebode@aol.com
Die Produktpalette des japanischen Konzerns umfaßt Hautpflege, dekorative Kosmetik, Haar- und Körperpflege. Bekannt ist Kanebo vor allem für seine hautglättende Sensai-Pflegelinie, denn neben Schönheit ist die Jungerhaltung der Haut das erste Anliegen von Kanebo.

Lancaster Group GmbH
Rheinstraße 4 E
55116 Mainz
Tel.: 06131-306930
Internet: http://lancaster-beauty.com
Lancaster bietet in seiner Produktpalette neben Körper- und Hautpflege auch Parfüms, dekorative Kosmetik und hochwertige Pflegemittel für das gesunde Sonnenbad und anhaltende Bräune.

L´Oréal Paris
Verbraucherhotline: 0800-5673253
Internet: http://www.loreal.de
Die Kosmetikprodukte von L'Oréal finden sich vor allem in Drogeriemärkten unter den Markennamen L'Oréal Paris und Jade. Bekannt sind auch seine Haarpflegelinien, die exklusiv beim Friseur erhältlich sind. Zur L'Oreal-Gruppe gehören bekannte Kosmetikmarken wie Lancôme, Biotherm, Helena Rubinstein und Vichy. Ein Blick auf die Webseite lohnt – dort stellt L'Oréal nicht nur Marken und Trends vor, sondern informiert auch über Praktika und mögliche Berufsfelder im eigenen Unternehmen.

NIVEA
Beiersdorf
20245 Hamburg
Verbraucherhotline: 01805-605040
Internet: http://www.nivea.de
Die Marke NIVEA umfaßt u.a. Produkte für Haar-, Gesichts- und Körperpflege sowie Sonnenschutz. Unter www.nivea.de erfahren Sie alles über den Kosmetikklassiker in der blauen Dose. Ein Lexikon klärt Sie zudem über Hauttypen und Inhaltsstoffe auf, Sie können Ihren persönlichen Lichtschutzfaktor bestimmen und erhalten Tips und Pflegehinweise.

Shiseido Deutschland GmbH
Kaistraße 20
40221 Düsseldorf
Tel.: 0221-91760
Fax: 0211-9176333
Internet: http://www.shiseido.de
e-mail: info@shiseido.de
Um mehr über Shiseido zu erfahren, lohnt ein Blick auf die Internetpräsentation. Der traditionsreiche japanische Hersteller von Kosmetik- und Körperpflegeprodukten bietet auf seiner Webseite unter anderem eine Webcam, d.h. eine virtuelle Tour durch seine Gebäude, sowie Informationen zum Thema Altern an.

Louis Widmer GmbH
Postfach 12 66
79602 Rheinfelden
Tel.: 07623-7255-0
Fax: 07623-62356
Ausschließlich über Apotheken vertreibt das Schweizer Unternehmen dermatologische Haut- und Körperpflege sowie Sonnenschutzmittel. Die Produkte sind hypoallergen und leicht bzw. nicht parfümiert.

Naturkosmetik

Börlind Gesellschaft für kosmetische Erzeugnisse mbH
Lindenstraße 15
75365 Calw-Altburg
Tel.: 07051-60000
Fax: 07051-600060
Über Reformhäuser vertreibt Annemarie Börlind natürliche Produkte zur Haar-, Gesichts- und Körperpflege sowie dekorative Kosmetik.

Hildegard Braukmann
Im Kurzen Felde 1
30938 Burgwedel
Tel.: 05139-89740
Fax: 05139-27035
Hildegard Braukmann produziert natürliche Kräuter-Kosmetik für Haut und Körper, die in Parfümerien, Drogerien und Kosmetikinstituten erhältlich sind.

Dr. Hauschka Kosmetik
WALA-Heilmittel GmbH
Dorfstraße 1
73087 Bad Boll/ Eckwälden
Tel.: 07164-930245
Fax: 07164-930266
e-mail: info@dr.hauschka.de
Internet: http://www.dr.hauschka.de
Der Name Dr. Hauschka steht für ganzheitliche Kosmetik aus Heilpflanzen, die die Eigenkraft der Haut aktivieren sollen. Alle Produkte zur natürlichen Gesichts-, Körper- und Haarpflege sowie dekorativer Kosmetik sind frei von Konservierungs-, Farb- und Duftstoffen und in Apotheken, Naturkostläden, Reformhäusern oder direkt über Dr. Hauschka erhältlich.

WELEDA AG Schwäbisch Gmünd
Möhlerstraße 3
73525 Schwäbisch Gmünd
Tel.: 07171-919414
Fax: 07171-919424
Internet: http://www.weleda.de
WELEDA stellt Körperpflege nach ganzheitlichen Kriterien auf der Grundlage von Natursubstanzen her. Das Sortiment umfaßt Pflegeprodukte von Kopf bis Fuß für die ganze Familie. WELEDA Körperpflege ist erhältlich in der Apotheke, im Fachhandel (Reformhaus, Naturkostladen, Drogerie) und im Drogeriemarkt.

Dekorative Kosmetik

BABOR
Tel.: 0241-5296152
e-mail: service@babor.de
Über die Fachkosmetikerin bietet BABOR hochwertige Pflegeprodukte für die professionelle Behandlung in der Kabine und parallel für die Pflege zu Hause an. Mittelpunkt des Sortiments ist die Gesichtspflege, für die BABOR ein eigenes MAKE UP SYSTEM entwickelt hat. Die Adressen der nächstgelegenen BABOR-Bezugsquelle kann man über die Telefonhotline erfahren.

Lancôme
Verbraucherhotline: 0228-542245
Internet: http://www.lancome.com
Lancôme präsentiert sich in vielen Facetten. Auf seiner Webseite finden sich Typ- und Charaktertests, die Erfogsstory eines berühmten Lancôme-Models, eine Künstlergalerie, Make-up-Tips von Magier Fred Farrugia und vieles mehr. Lancôme bietet auch eine Telefonhotline mit Informationen zu den Produkten und den mit diesen arbeitenden Kosmetiksalons.

Marbert AG
Bonner Straße 155
40589 Düsseldorf
Verbraucherhotline: 0211-7953175
Internet: http://www.marbert.com
Der Name Marbert steht vor allem für

hochwertiges Make-up, doch auch Produkte zur Haut- und Körperpflege, Frauen- und Männerdüfte finden sich im Angebot des Unternehmens. Zudem vertreibt Marbert Kosmetikprodukte von Revlon, Ultima II, La Perla und die Duft- und Pflegeserie von Diesel.

Dr. Scheller Cosmetics AG
Schillerstraße 21–27
73054 Eislingen
Tel.: 07161-8030
Fax: 07161-803300
Internet: http://www.manhattan-cosmetics.com
Mit seiner Beautyserie MANHATTAN hat Scheller neben pflegender Naturkosmetik (APOTHEKER SCHELLER) nun auch junge, trendorientierte dekorative Kosmetik in seine Produktpalette aufgenommen. MANHATTAN ist in Drogeriemärkten und Kaufhäusern erhältlich und aufgrund seiner modischen Farben ideal für alle, die neuen Trends folgen möchten.

Haar

Goldwell GmbH
64280 Darmstadt
Tel.: 06151-5020
Fax: 06151-502312
Internet: http://www.goldwell.de
Goldwell bietet haar- und hautkosmetische Produkte exklusiv über den Friseursalon an. Wer an Haarpflegemitteln, Stylingprodukten oder Make-up von Goldwell interessiert ist, muß sich daher direkt an seinen Friseursalon wenden.

Guhl Ikebana GmbH
Haar-Beratungs-Service
Tel.: 0130-7300
Die Haarkosmetikpalette von Guhl umfaßt alle Produkte vom Shampoo über Haarkuren und -balsame bis zum Haarspray und Festiger. Bekannt ist vor allem Living Colors, die Haarfärbeserie von Guhl. Alle Produkte sind erhältlich in Drogeriemärkten, Kauf- und Warenhäusern.

Schwarzkopf & Henkel Cosmetics
Henkelstraße 67
40191 Düsseldorf
Tel.: 0211-7972000
Fax: 0211-7983000
Verbraucherhotline: 0180-2006300
(von 7.00 Uhr bis 22.00 Uhr)
Bekannt ist Schwarzkopf & Henkel durch seine Haarpflegeprodukte der Marken Poly, Taft, Gliss Kur und vor allem durch Schauma Shampoo. Auch die Haut- und Körperpflegemittel der Marken Aok, Fa und Bac gehören zur Produktpalette des deutschen Unternehmens. Auf der Seite http://www.vision.de findet sich unter dem Namen Vision@style.access erstmals eine Marke für Kosmetik und Lifestyle, die exklusiv im Internet vermarktet wird.

Vidal Sassoon
Salon in Berlin:
Schlüterstraße 38
10629 Berlin
Tel.: 030-8845000
Internet: http://www.vidalsassoon.com
Vidal Sassoons professionelle Styling- und Pflegeprodukte werden exklusiv über den Friseur vertrieben. Auf der englischsprachigen Homepage erfährt man alles über Produkte und Haartrends bei Vidal Sassoon; auch die Adressen der Salons in Frankfurt, Hamburg und München sind hier zu finden.

Wella AG
Berliner Allee 65
64295 Darmstadt
Tel.: 06151-340
Fax: 06151-342453
Internet: http://www.wella.de
Das deutsche Unternehmen arbeitet hauptsächlich im Friseurbereich, bekannt durch Stylinglinien wie System Professional und Lifetex. Auf der Webseite von Wella erfährt man alles über Trends sowie Events und erhält Informationen rund um das Thema Haar.

Parfüm

Chanel GmbH & Co. KG
Brandstücken 23
22549 Hamburg
Tel.: 040-8009102
Fax: 040-80091213
Internet: http://www.chanel.com
Neben fünf Boutiquen in Deutschland verkaufen Warenhäuser und authorisierte Parfümerien die berühmten Düfte sowie Pflegepräparate und dekorative Kosmetikprodukte. Auf der Webseite findet sich alles über das Haus Chanel.

Parfums Christian Dior GmbH
Rotterdamer Straße 40
40474 Düsseldorf
Tel.: 0211-43840
Fax: 0211-4384125
Internet: http://www.dior.com
Die inhaltlich sehr aufwendig gestaltete Webseite von Dior enthält neben Produktpräsentation und Make-up-Tips auch eine Dior-Galerie, in der Werke französischer Künstler vorgestellt werden, und Romanauszüge sowie Rätsel zu den verschiedenen Parfümnoten.

Erste Hilfe

Kosmetikberatung von Yves Rocher
Tel.: 0180-52053
Vierzehn professionelle Kosmetikerinnen beantworten alle Fragen zum Thema Kosmetik und geben hilfreiche Tips.

http://www.akne-info.de
Die Webseite des Scherling Konzerns gibt Infos, Tips und Tricks rund um das Thema Akne.

http://meine-gesundheit.de
Dieses Online-Magazin bietet Informationen zum Thema Gesundheit. Tips zur richtigen Hautpflege finden sich hier ebenso wie Ratschläge für die Reise-Apotheke und ein Gesundheitsratgeber.

Make-up-Kurse

Bobbi Brown Cosmetics
Brienner Straße 26
80333 München
Tel.: 089-236860
Fax: 089-23686168
Internet: http://www.bobbibrowncosmetics.com
In neun Städten in Deutschland lernt man bei Bobbi Brown Cosmetics unter professioneller Anleitung, wie man sich richtig und typgerecht schminkt. Auf ihrer Webseite präsentiert die amerikanische Star-Visagistin Neues aus ihrer Produktlinie und verrät Schminktips.

FACE Make up-Studio
Horst Kirchberger
Brienner Straße 11/ Im Palmengarten
80333 München
Tel.: 089-223784
Fax: 089-29161466
In einer zweistündigen Make-up-Beratung schminken professionelle Visagisten nach Horst Kirchbergers Technik eine Gesichtshälfte und geben praktische Tips, die der Kunde dann selbst beim Schminken der anderen Gesichtshälfte anzuwenden versucht. Zudem werden einwöchige Kurse zum Erlernen professionellen Make-ups angeboten.

die maske
make up services & Agentur GmbH
Norbertstraße 18

50670 Köln
Tel.: 0221-132038
Fax: 0221-134068
http://www.die-maske.de
Seit 1979 bietet die maske in Köln sowohl fachliche Ausbildungen zum Visagisten als auch Make-up- und Frisurenberatungen von Profis für alle, die mehr aus ihrem Typ machen möchten. Zusätzlich zur Beratung kann man die praktischen Tips auch gleich umsetzen und sich, hat man ein neues und typgerechtes Styling gefunden, von Friseurmeistern den entsprechenden Haarschnitt schneiden oder das neue Make-up auftragen lassen.

Typ-, Stil- und Farbberatung

Art of Style
Ingrid Eder
Silvanastraße 7
81927 München
Tel.: 089-952997
Fax: 089-9295518
In einer Farbtyp- und Imageberatung helfen professionelle Visagisten bei der Kreation eines individuellen Make-ups, die Frisur wird typgerecht gestylt und ein praktischer Farbpaß für den Eigengebrauch zusammengestellt. Zudem wird die eigene Stilpersönlichkeit bestimmt, auf deren Basis der ideale Kleidungsstil für Beruf und Alltag herausgearbeitet werden kann.

La Beauté GmbH
August-Macke-Straße 6
47447 Moers
Tel.: 02841-66306
Fax: 02841-66203
La Beauté ist nicht nur ein Versand für Kosmetikprodukte, sondern besitzt zudem eine Ausbildungsschule für Visagisten und bietet in seinem Studio individuelle Farb- und Stilberatungen für den privaten Kunden.

Salon Close Up
Winterhuder Weg 138
22085 Hamburg
Tel.: 040-2297091
Fax: 040-2297466
Im Gegensatz zu den klassischen Farb- und Stilberatungen konzentriert sich Close Up auf Typ und Make-up. Professionelle Visagisten aus Fotostudios stylen Haar und Make-up und geben praktische Tips, wie man den persönlichen Stil positiv herausarbeitet.

MAC
Blumenstraße 30, 40212 Düsseldorf
MAC im KaDeWe
Tauentzienstraße 21–24, 10789 Berlin
MAC bei Ludwig Beck
Dienerstraße 21, 80331 München
MAC bei Breuninger
Marktstraße 1–3, 70173 Stuttgart
An vier Countern in deutschen Kaufhäusern bietet die Kosmetikfirma MAC individuelle Stil-, Farb- und Make-up-Beratungen von professionellen Visagisten. Einfach vorbeischauen, denn Terminvereinbarungen sind nicht nötig.

Typ und Image
Beratung - Schulung - Konzeption
Rheinstraße 29 d
53844 Troisdorf
Tel.: 02241-407272
Fax: 02241-407273
Neben einer Visagistenausbildung und Spezialkursen für Friseure sowie Firmenberatungen bieten Ute Herger und Angelika Richter auch individuelle Farb- und Stilberatungen für alle, die mehr über ihren Typ und das richtige Styling erfahren möchten.

Internet

Zeitschriften

Beauty & More
http://www.beauty&more.de
Das zweiwöchig erscheinende Online-Magazin bietet neben einem Chat-Treff und hilfreichen Kontakt-Links Infos über Kosmetikprodukte, Trends und vieles mehr.

Kosmetik international
http://www.ki-online.de
Unter ihrer Webadresse finden sich nicht nur die Artikel der Fachzeitschrift *Kosmetik international*, sondern auch wichtige Adressen und Termine.

Online-Versand

http://www.beautybuys.com
Ein riesiges Angebot an Schönheitsprodukten vieler bekannter Kosmetikfirmen.

http://www.makeupmania.com
In diesem Cyber-Shop kann man alle möglichen Schönheitsprodukte bestellen, sich von Visagisten beraten lassen und den neuesten Klatsch und Tratsch aus Hollywood erfahren.

The National Body Care Company
http://www.natural-bodycare.com
Online-Versand von auf natürlicher Basis hergestellten Kosmetikprodukten.

Expertentips

http://www.cosmeticmall.com
Neben einem virtuellen Cyber-Shop gibt es unter dieser Adresse von Fachleuten Antworten auf die häufigsten Beauty-Fragen; außerdem werden kosmetische Inhaltsstoffe erklärt.

http://www.styleexperts.com
Die Stars aus den Bereichen Mode, Beauty und Wellness geben auf dieser außergewöhnlichen Webseite ihre persönlichen Stylingtips. So findet man hier unter anderem Ratschläge von Top-Model Niki Taylor, Make-up-Tips von Laura Mercier, Frisuren von Serge Normant und eine Rubrik über Accessoires von Kate Spade.

http://www.womensnet.de
Das Forum von Schwarzkopf & Henkel Cosmetics bietet Tips und Informationen zu Kosmetiktrends und -produkten. Daneben gibt es auch moderierte Chats, ein Diskussionsforum und Kleinanzeigen.

Make-up

http://www.faceonline.com
Hier werden ausgefallene Kosmetikläden vorgestellt, Schminktips gegeben und Fachbegriffe erklärt.

Parfüm

http://www.perfumania.com
Wie der Name schon sagt: der Parfüm-Kaufrausch im Internet.

Flaconetti
http://www.flaconetti.de
Die Webseite des Düsseldorfer Ladens »Flaconetti« und Einkaufsparadies sowie Tauschbörse für Parfüm- und Flakonliebhaber.

Fragrance Counter
http://www.fragrancecounter.com
Alle Parfümsorten von A bis Z, Infos und Online-Shopping.

Register

Bildnachweis

Autorin und Verlag danken den Fotografen, Models und Organisationen für die freundliche Genehmigung zum Abdruck der folgenden Bilder in diesem Buch:

1 Greg Delves
2 Graham Shearer
(Liisa Winkler für IMG)
4–11 Mitchell Sams
12 Pascal Chevallier
14–18 Mel Yates
20–21 Sarah Maingot
22 Mitchell Sams
25 Gillian Wong für Select
26–27 Alan Beukers
(Marguerita Suppini für Boss)
28 Elliston Lutz
30–31 Rapid Eye
32–41 Sarah Maingot
43 Mel Yates
44–45 Rapid Eye
46 Sarah Maingot
(Yasmin Rossi)
48–49 Sarah Maingot
50 Sarah Maingot
(Melanie Thierry für Select)
52–55 Graham Atkins Hughes
(Make-up von Jenny Jordan)
56–58 Mitchell Sams;
59 Mitchell Sams
(Amber Valletta für Elite/Special Agent Management für Elizabeth Arden)
61–67 Mel Yates
68–69 Rapid Eye
71 Mitchell Sams
72–73 Graham Atkins Hughes
(Make-up von Jenny Jordan)
75 Ian Skelton
76–77 Rapid Eye
78–81 Graham Atkins Hughes
(Make-up von Jenny Jordan)
83 Nick Briggs
84–85 Graham Atkins Hughes
(Make-up von Jenny Jordan)
86–88 Alan Beukers
90 Mitchell Sams
93 Iain Crawford
(Charlie Waterman für Models One)
94–95 Rapid Eye
96 Grey Zisser
98–99 Rapid Eye
100–109 Sarah Maingot
110–115 Graham Atkins Hughes
(Make-up von Jenny Jordan)
118 Mitchell Sams
121 Heribert Brehm
122–124 Sarah Maingot
125 Sarah Maingot
(Lauren Gold für Select)
126–129 Rapid Eye;
130–135 Sarah Maingot;
136–139 Graham Atkins Hughes
(Make-up von Jenny Jordan)
140 Mitchell Sams
142 Grey Zisser
145 Mel Yates
152 Mitchell Sams

Danksagung

Danken möchte ich
besonders Juliet Warkentin, daß sie mich zu diesem Projekt überredet hat;
Suzanne Sykes für Ihre inspirativen Beiträge;
Susanna Cohen und Laurence Chevallier-Appert für Ihre unermüdliche Hilfe und ausdauernde Arbeit;
den tüchtigen Fotografen: Sarah Maingot, Mel Yates, Matt Anker und Graham Atkins Hughes;
den Make-up-Künstlerm Jenny Jordan und Jo Karsberg, die nicht nur zum Gelingen des Buches beitrugen, sondern deren Fachwissen in den vergangenen Jahren unentbehrlich war;
Andrew Roberts für das Besorgen zusätzlicher Fotos;
Juliet Matthews und Rachel Pearce für ihren Beistand;
Mark und Duff Westmoreland für ihre moralische Unterstützung.

Die Deutsche Bibliothek – CIP – Einheitsaufnahme:
Marie Claire – das Schönheitsbuch / Emma Bannister. [Aus dem Engl. von Ursula Schmidt-Steinbach]. – Köln : DuMont, 1999
(Monte von DuMont)
Einheitssacht.: Marie Claire real beauty <dt.>
ISBN 3-7701-8533-1

Titel der englischsprachigen Originalausgabe: *marie claire real beauty*

Marie Claire ist eine Handelsmarke der Societe Marie Claire Album.
Dieses Buch entstand in Zusammenarbeit mit European Magazines Ltd.

Aus dem Englischen von Ursula Schmidt-Steinbach
Reaktion und Satz der deutschsprachigen Ausgabe: Daniela Kumor, Köln

Printed and bound by Mohndruck Graphische Betriebe GmbH, Germany

ISBN 3-7701-8533-1